COS & NISSYROS

EDITIONS TOUBI'S ΕΚΔΟΣΕΙΣ

Nisiza Karela, Koropi, Attiki
Téléphone: +30 210 6029974, Fax: +30 210 6646856
Internet: http://www.toubis.gr

ISBN: 960-540-082-0

Heineken

Vue de la ville.

SOMMAIRE

1. COS

2. PRÉSENTATION HISTORIQUE

3. CULTURE & TRADITION

SOMMAIRE

4. LA VILLE DE COS

5. EXCURSIONS DANS L' ÎLE

6. NISSYROS

Le platane d'Hippocrate sur la place centrale de C

ure sur cuivre de J.B. Hilaire (Bibliothèque Gennadios).

1

COS

L'île d'Hippocrate.

Les raisons de se rendre à Cos sont si nombreuses que toute tentative de les énumérer serait une exagération. Cos est l'île de la médecine, l'île qui sortit l'humanité de l'intolérance engendrée par l'ignorance et l'analphabétisme. C'est l'île d'Hippocrate, le père de la médecine, qui apporta aux hommes les médicaments et à l'île de Cos les premiers hôpitaux ainsi que les premiers médecins.

Un grand nombre de vestiges et de trouvailles archéologiques effectuées aux quatre coins de l'île viennent raviver la mémoire d'une culture datant de plus de 6000 ans. Des vestiges de hameaux préhistoriques, des ruines de bâtiments de l'Antiquité classique ou des périodes hellénistiques et romaines, des églises byzantines ou post-byzantines ainsi que des forts médiévaux ou encore des mosquées et des minarets côtoient des constructions modernes plus récentes.

Dans un souci de modernité, ces éléments de la tradition se sont fondus de manière créative dans le paysage, tandis que le cadre naturel de l'île mérite les plus belles louanges.

Le platane d'Hippocrate et la Commanderie (à droite).

Cos constitue aujourd'hui l'un des lieux de villégiature les plus modernes tout en conservant des éléments traditionnels caractéristiques par lesquels l'île se distingua, il y a plusieurs siècles de cela. L'hospitalité, le sourire et la serviabilité sont en effet des qualités propres aux habitants de l'île. Cos offre tous les styles de vie. On peut s'y perdre dans une foule bruyante et insouciante ou encore aller s'isoler sur l'une des plages désertes de l'île. On peut y apprécier les joies de la mer et de la montagne, y déguster un repas dans l'un des restaurants cosmopolites de l'île ou boire un café en compagnie des autochtones dans l'un de leurs troquets habituels.

Le visiteur sera ébloui par le jeu de couleurs qui se dégagent de l'île. Il se laissera surprendre par la vivacité du bleu de la mer et du ciel puis s'apaisera à la vue de la verdure qui recouvre l'île.

Ceci est donc l'île de Cos. Une île aux formes multiples et aux paysages diversifiés, qui la rendent si attrayante et nous en rendent captifs.

Nature et situation: Le Dodécanèse est un groupe d'îles verdoyantes faisant partie de l'archipel grec. Contrairement à ce que son nom pourrait laisser croire, le Dodécanèse (=douze îles) ne compte pas douze îles, mais il en comprend une vingtaine qui sont habitées ainsi que d'innombrables îlots déserts. Les Sporades du Sud (c'est ainsi que l'on appelait le Dodécanèse dans le passé) constituent le prolongement des Cyclades. Leur histoire est commune et des traces de la présence humaine y sont constatées depuis la Préhistoire.

Cos est une île splendide du Dodécanèse. Elle est bénie des dieux, il s'agit d'un réel joyau. Elle couvre une superficie de 290 kilomètres carrés et compte environ 24.000 habitants. En superficie, Cos est la troisième île du Dodécanèse, après Rhodes et Karpathos.

Elle est située au sud de Kalymnos et au nord de Nissyros, juste à l'entrée du Golfe de Keramicos appelé aussi Golfe de Cos. Elle se trouve à 4 milles nautiques de l'Orient, est longue de 45 km et sa largeur varie entre 2 et 11 km. La partie de Cos qui pénètre le Golfe de Keramicos se situe entre la péninsule d' Halicarnasse et celle de Cnide.

Il semblerait qu'autrefois elle faisait partie du continent situé à l'emplacement actuel de la mer Égée. Les Grecs Anciens l'appelaient "Égiida Ipiros" (le continent d' Égée). Mais des bouleversements géologiques énormes vinrent démembrer l' Égiida Ipiros, qui disparut au fond de la mer et dont subsiste seulement le plateau continental en bordure de la côte et d' innombrables îles.

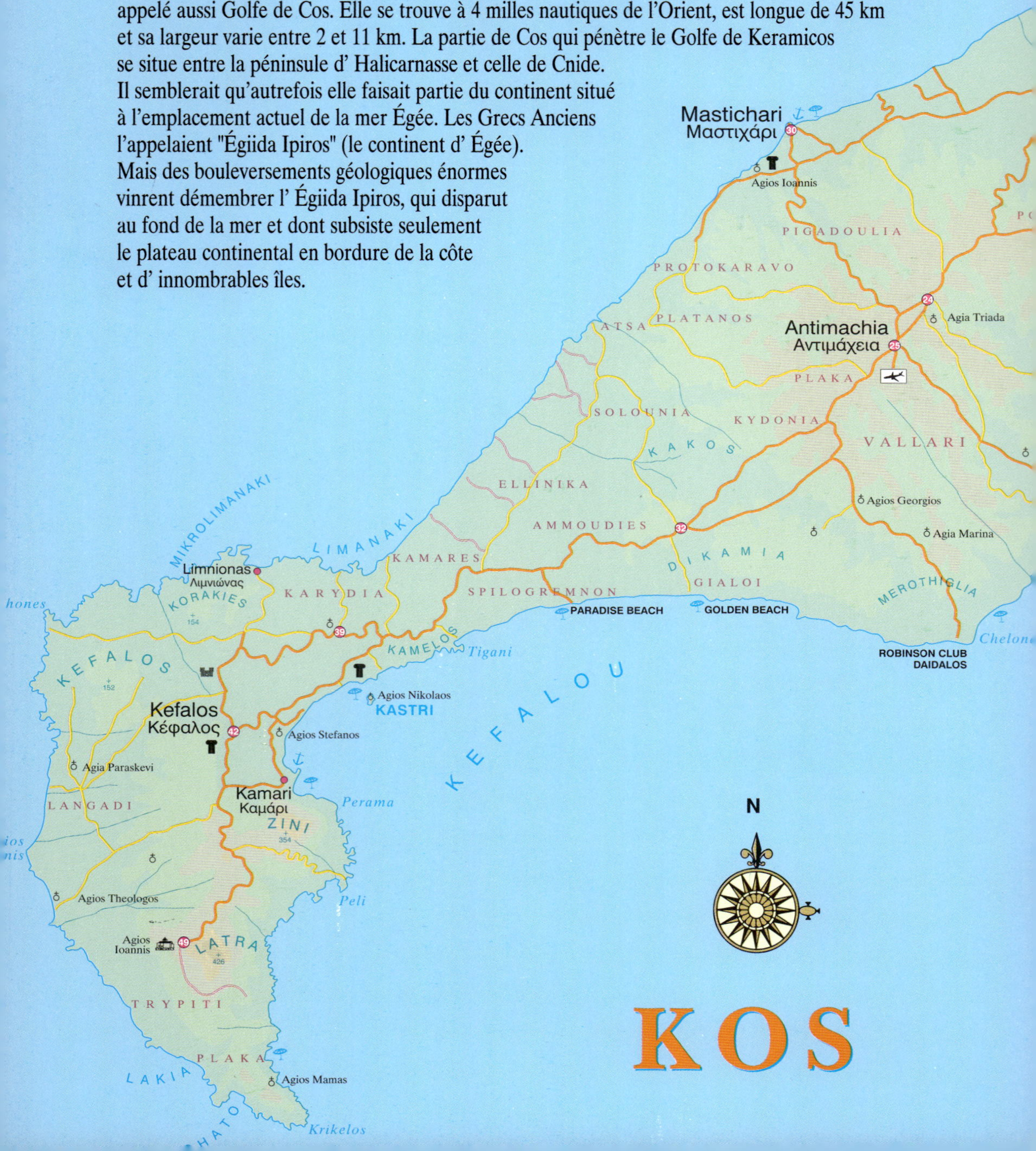

Scandari
LAMPI
Ammos
Άμμος
Kos
Κως
STENO KARAVI
Psalidi
PSALIDI
Tigaki
Τιγκάκι
ALYKES
Agios Ioannis
Kermedes (Platani)
Κερμεντές (Πλατάνι)
Asklipio
Ασκληπιείο
INTERNATIONAL INSTITUTE OF HIPPOKRATES
Zipari
Ζιπάρι
MOSKOVITA
Kallithea
Καλλιθέα
KASTELLA
Agios Konstantinos
Agios Fokas
Άγιος Φωκάς
Agi
Linopotis
Λινοπότης
Evangelistria
Ευαγγελίστρια
Agios Dimitris
Άγιος Δημήτρης
KEFALA
SYMPETROS
ERIMITIS
Pyli
Πυλί
Lagoudi
Λαγούδι
Asfendiou
Ασφενδιού
VIGLA
PIPERIA
Empros Thermi
Εμπρός Θέρμη
Zia
Ζιά
Konario
Κοναριό
KONARIO
DIKAIO
Dikeos Christos
Agia Irini
MERISI
PISO THERMI
Eleon
Ελαιών
Tolari
Τολάρι
Kardamena
Καρδάμαινα
LEGENDES
Route asphaltée
Route non asphaltée
Chemin de terre
Distance en km
Eglise
Monastére
Site archaeologique
Chateau
Grotte
Source thermale
Aéroport
Plage
Ancrage
Camping

DODEKANISSA
PATMOS
LIPSI
LEROS
KALYMNOS
ASTYPALEA
KOS
NISIROS
TILOS
RODOS
CHALKI
KARPATHOS
KASSOS

Morphologie

Du point de vue du relief, Cos peut être divisée en trois parties: a) une chaîne montagneuse partant du cap d'Aghios Fokas au sud-est, qui traverse la côte méridionale pour aboutir à Kardamaina, b) une plaine, au nord-ouest de l'île, qui aboutit jusqu'à la mer, c) une partie montagneuse au sud-ouest longeant la péninsule à Kefalos. Cos possède un littoral de 112 km. Ces golfes les plus connus sont ceux de Cos, au nord-est, et les deux golfes de Kefalos, l'un au nord et l'autre au sud. Les principaux caps de l'île portent les noms de Skandario (Kourbouno), Psalidi, Aghios Fokas, Krikellos (Ladiras), Gourbiatis ou Helona (la tortue) et Drepano (la faux). Les côtes sont tantôt abruptes et escarpées, tantôt régulières, créant ainsi des baies pittoresques et des plages splendides.

Le plus haut sommet de Cos domine la partie orientale de l'île, le long des côtes méridionales. Il s'agit du Mont Oromédon ou Dikaios (le juste), qui culmine à 846 mètres. Le sous-sol est extrêmement riche et l'île possède des plaines très fécondes où l'eau abonde et la terre est fertile. Cos dispose par ailleurs de nombreuses stations thermales. Nous citerons celles d'Empros Thermi, à Aghios Fokas; d'Aghios Soulas et celle de Pisso Thermi, à Aghia Irini. La production en sel de l'île était l'une des plus importantes de la Méditerranée et la seule du Dodécanèse. Aujourd'hui, les marais salants sont reconvertis en réserve marine. Par ailleurs, il existe depuis longtemps des mines de cuivre, de fer, de plomb, de terre sulfureuse, de lignite et de galène, toujours en activité de nos jours. Les régions montagneuses sont recouvertes de forêts luxuriantes.

La structure du sol ainsi que l'abondance de l'eau favorisent une culture significative de produits agricoles de choix. La production insulaire consiste principalement en céréales et agrumes. L'élevage est également développé et l'apiculture relativement importante.

Réforme administrative

D'après la dernière réforme administrative de Grèce (loi Kapodistria), la division administrative de l'île de Cos est la suivante: l'île se divise en trois municipalités: 1) La municipalité de Cos qui comprend le chef lieu de l'île ainsi que ses faubourgs et compte 14.700 habitants, 2) la municipalité de Dikaios, résultant de l'union des communes d'Asfendio et de Pylio, et comptant 6.000 habitants, 3) la municipalité d'Héraklion, engendrée par l'alliance des communes d'Antimacheia, de Kardamaina et de Kéfalos, avec au total 6.400 habitants.

Le marais salant de Tigaki.

Climat

L'île jouit d'un climat tempéré durant la plus grande partie de l'année. L'île fut caractérisée de «lieu clément par excellence» (Galien), dès l'Antiquité. En été, la température dépasse rarement les 35oC, tandis qu'elle ne descend que quelquefois en dessous 0o C, durant les mois d'hiver. La partie Nord Est de l'île est un peu humide en raison de ses nombreuses sources d'eau et de sa riche végétation. La région Sud Ouest est en revanche très aride. Callimaque caractérise l'île par l'adjectif «grasse», c'est à dire fertile, tandis que Strabon lui attribue le qualificatif de «féconde». Antonio Galateo la surnomme quant à lui «corculum mundi», à savoir le «cœur du monde». L'ensoleillement de l'île dépasse les 300 jours par an.

Geologie

L'île de Cos abrite les roches les plus anciennes de Grèce. Il s'agit de roches ayant subi de faibles transformations au regard de leur ancienneté. On y a même retrouvé des fossiles datant de l'ère paléozoïque inférieure (345 millions d'années environ). Cos comporte d'une manière générale des roches dont la formation dura plus de 350 millions d'années.

Après une période de formation du continent, probablement vers la fin de la période Mésozoïque moyenne (environ 180 millions d'années), on voit ensuite apparaître des sédiments plus récents dont la formation fut également très lente et dura environ 150 millions d'années. Le sous-sol de Cos se caractérise par la lave imprégnée qui sillonne presque toutes les roches. La matière volcanique semble dater d'âges divers, ce qui indique que par périodes, on assistait à des éruptions volcaniques dans la région. La dernière activité volcanique date de l'ère pléistocène, c'est à dire d'il y a environ 200 milliers d'années. Une autre caractéristique de l'île de Cos est que la partie ouest de l'île est presque entièrement recouverte de roches volcaniques plus récentes, qui viennent interrompre la propagation de roches sédimentaires plus anciennes, principalement de roches calcaires datant de 75 millions d'années, ainsi que de formations rocheuses plus récentes, allant jusqu'à l' ère pléistocène (200 milliers d'années).

Paysage caractéristique des roches de l'île.

Dans la partie centrale et dans l'est de l'île, ce sont les roches plus anciennes qui dominent dans le sud tandis que dans le nord on distingue les sédiments les plus récents de l'île. Il semble donc que la partie nord de l'île se soit trouvée plus longtemps engloutie sous la mer, alors que la région sud émergea plus rapidement et ne possède par conséquent pas de roches récentes. Il est également possible que suite à l'émergence précoce de la région ces dernières se soient érodées, laissant ainsi apparaître les roches plus anciennes.

Cos subit en outre les mouvements tectoniques du plissement alpin. De nombreuses régions de l'île furent ainsi l'objet de deux couches tectoniques différentes, dont l'une indique des éléments probables de zone Gabbro (basalte), tandis que la seconde, plus récente, appartient à la couche tectonique supérieure de la Grèce. Il existe donc des roches qui ne se formèrent pas dans la région de Cos mais sont originaires d'autres régions et furent déplacées par des mouvements tectoniques, venant ainsi recouvrir les roches locales de Cos.

1

Le cadre naturel

Durant les années préhistoriques Cos devait être recouverte de forêts touffues qui disparurent suite à l'installation de l'homme, au début de l'ère néolithique. Aujourd'hui, on assiste à une dégradation de la végétation de l'île qui est recouverte sur sa plus grande partie de bois mort tandis que par endroit on aperçoit des petites forêts et des surfaces cultivées.

Le mont Dikaio abrite d'importantes forêts de pins (Pinus brutia) et de cyprès (Cupressus sempervirens) qui sont en partie naturelles mais également issues de programmes de reboisement. Ces forêts seraient bien entendu nettement plus étendues si les bergers ne venaient y faire paître leurs troupeaux, stoppant ainsi leur renouvellement naturel. La flore, la faune et la nature de l'île en général, sont bien sûr influencées par la proximité de l'Asie Mineure. La flore comprend quelque mille espèces différentes de plantes dont la plupart sont communes à l'ensemble des côtes

2

méditerranéennes orientales, comme par exemple la ciste (Cistus), les différentes sortes de coquelicot (Papaver), les deux espèces d'anémones (Anemone coronaria et A. pavonina), les glaïeuls sauvages (Gladiolus italicus), les marguerites (Chrysanthemum coronarium), le lis marin (Pancratium maritimum), les violettes sauvages (Malcolmia flexuosa, Matthiola sinuata et M. tricuspidata), l'oxalis (Oxalis pescaprae), etc.

En dehors des espèces communes il existe également des espèces plus rares d'origine asiatique, telles que le Phlomis lycia, le Dianthus elegans, la Silene urvilei, la Centaurea urvilei, la Jurinea consanguinea etc.

Parmi les autres espèces majeures on distingue la Campanula lyrata, l'Alkanna orientalis, la Calystegia soldanella, l'Achillea cretica, le Mandragora autumnalis, l'Asterolinon linum-stellatum, etc. Il convient également de noter que jusqu'à ce jour on a découvert sur l'île au moins 22 espèces différentes d'orchidées.

En ce qui concerne la faune, il faut tout d'abord mentionner le fait que Cos est un lieu de passage

3

des oiseaux migrateurs. Au printemps et en automne on peut donc y apercevoir de nombreuses espèces rares telles que le Loriot d'Europe (Oriolus oriolus), le Gukpier d'Europe (Merops apiaster), le Rollier d'Europe (Coracias garrulus), la Huppe fasciée (Upupa epops) ainsi que diverses sortes de hérons (Ardea). Sur le mont Dikaio on peut en outre apercevoir des oiseaux de proie comme l'aigle de Bonelli (Hieraetus fasciatus) et la buse féroce (Buteo rufinus), tandis que parfois on voit apparaître l'espèce asiatique rare appelée Gukpier de Madagascar (Merops superciliosus), qui constitue l'un des plus beaux oiseaux d'Asie occidentale.

Chaque année, au printemps, les hirondelles en provenance d'Afrique viennent nicher sur l'île. L'hirondelle de cheminée (Hirundo rustica) avec sa longue queue en ciseau ainsi que l'hirondelle de fenêtre (Delichon urbica) au ventre blanc, font leur nid avec de la boue sous les toitures et les balcons tandis que les Martinets (Apus) préfèrent nicher sous les tuiles des vieilles maisons.

Cos abrite en outre deux réserves naturelles: les marais salants de Tigaki, sur les côtes nord de l'île, et l'étang de la région de Psalidi, à l'extrémité est. On y aperçoit de temps en temps des espèces rares d'oiseaux tels que le flamant rose (Phoenicopterus ruber) et les ibis falcinelles (Plegadis falcinellus). En outre, c'est sur la plage sablonneuse de Tigakiou que les tortues marines Caretta caretta et Chelonia mydas viennent pondre leurs oeufs.

En hiver, de nombreux oiseaux aquatiques venant d'Europe du nord et de l'est se réfugient ici. Le visiteur peut alors apercevoir des espèces diverses de canards et de cygnes. La région, comprenant les marais salants de Tigakiou, le mont Dikaio et l'étang de Psalidi est une zone protégée et fait partie du réseau des réserves naturelles protégées par l'Union européenne, connu sous le nom de
NATURA 2000.

Les réserves de l'île présentent un grand intérêt (photo 1), tout comme également la végétation de l'île, qui n'est cependant pas mise en valeur.
Sur la photo 2 on distingue Zia et sur la photo 3 un paysage situé entre Pyli et Lagoudi.

2

PRÉSEN

Le nom

Cos a conservé le même nom de l'Antiquité jusqu'à nos jours. Ce dernier n'a en effet jamais changé. Les autres noms qui avaient été attribués à l'île, tels que Meropis ou Karis, tombèrent rapidement en désuétude. Ils révèlent cependant tous l'histoire éblouissante de l'île qui se perd dans la nuit des temps. Certains scientifiques soutiennent que "Cos" vient du nom d'une princesse, la fille du roi Triopas II ou Meropas II, surnommée Coos puis par raccourci, Cos. D'autres prétendent que son nom est dû au mot d'origine carienne "koion" (qui signifiait mouton), soit parce que le contour de l'île ressemble à un mouton, soit parce qu'il y avait beaucoup de moutons à Cos. D'autres affirment enfin qu'elle doit son nom au mot "Cos" qui signifiait geôle ou araignée de mer (de telles représentations figurent sur de nombreuses pièces de monnaie locales datant de l'Antiquité).

On connaît toutefois d'autres dénominations très anciennes de l'île telles Meropis, Meropiis et Meropi (du nom du roi mythique Meropas). L'un des noms des habitants de Cos remonte même à la plus haute Antiquité: Meropes. Il en va de même pour les noms de Karis (originaire des Cariens) et de Nymphaia (en raison des nombreuses Nymphes, déesses de la nature, qui y vivaient).

Au Moyen-âge Cos fut surnommée Lango par les chevaliers de l'ordre de Saint-Jean. En 1389, l'île s'appelait Nerantzia (le bigaradier), nom dû à l'abondance d'agrumes sur l'île. Sous l'occupation turque elle fut aussi appelée Stànkioi.

D'autres chercheurs citent également les noms de Kynnis (du nom du Titan Kynnos) et Karis, qui d'après eux ne provient pas des Cariens mais d'un mot ancien signifiant "crevette" et qui serait dû à la forme de crevette de l' île. Ils mentionnent également les noms de Nissos ton Makaron (« l'île des fortunés », parce que ses habitants menaient une vie facile) et Makrya (« la longue », en raison de sa forme, tout comme semble l'indiquer le nom médiéval « Lango »).

Vue Panoramique de l'agora antique.

ATION HISTORIQUE

Mythologie

Il semble que Cos ait été habitée dès la période néolithique, comme l'attestent les découvertes effectuées dans la grotte d'Aspropetra, près de Kefalos. Ces trouvailles dateraient en effet de la moitié du IVe millénaire avant Jésus-Christ.

Dans la mythologie grecque ancienne il existe de nombreux récits concernant la colonisation ainsi que les événements importants qui se déroulèrent à Cos au cours de la période préhistorique. L'une de ces légendes raconte que les Géants, fils d'Ouranos (le Ciel) et de Gaia (la Terre) s'enfuirent, vaincus lors d'une bataille terrible contre les dieux de l'Olympe. Poséidon, qui pourchassait le géant Polybotès cassa avec son trident un morceau de l'île de Cos qu'il jeta sur le Géant pour le tuer. C'est ainsi que naquit l'île de Nissyros, la petite île avoisinante de Cos. Le mythe cache de toute évidence une vérité géographique, à savoir que Nissyros faisait autrefois partie de Cos.

Un autre mythe se rattache à cette légende: les Géants Phoibos, Kios et Kynnos trouvèrent refuge à Cos. D'après certaines études les noms de ces derniers seraient à l'origine des noms anciens Cos et Kynnis.

Il existe encore de nombreux mythes antiques sur Cos et ses habitants. Une pléthore de héros et de demi-dieux auraient visité l'île (Achille, entre

autres, accompagné de son père Pélée).

Le passage de ces héros fait référence aux déplacements de divers peuples venus à Cos soit en conquérants, soit en colons pacifiques.

Les premiers habitants de l'île furent sans doute les Pélasges ou les Lélèges. Ils transmirent probablement à la population de l'île tout leur savoir-faire en matière d'art et d'agriculture. Ils construisirent des murailles en bloc de pierre, les fameux "murs Cyclopéens" dont les vestiges ont été conservés jusqu'à nos jours. Plus tard, vers le IIe millénaire avant Jésus-Christ, les Cariens (habitants de l'île voisine Caria) vinrent à Cos. Dans la mythologie, les colons de cette époque portent le nom de Triopes et Méropes. Le mythe veut que leur premier roi se soit appelé Méropas.

Les récits mythologiques sont cependant toujours un peu confus. Selon une autre légende, le roi Triopas, descendant des Méropes Triopès, devint chef des Cariens et les conduisit sur la côte orientale de Cos. Ils y construisirent la ville de Triopo, à l'emplacement actuel d'Aghios Fokas.

Méropas succéda sur le trône à son père Triopas, en étendant sa souveraineté à toute l'île qu'il appela Méropida (ses habitants furent par conséquent surnommés « Méropes »). Une autre légende indique que les Méropes, ces hommes pleins de bravoure et de talent créateur, construisirent la première ville et la baptisèrent du nom de la fille du roi Méropas: Astypalaia. Nous ne disposons en revanche d'aucune indication précise sur la toute première ville et le premier roi de l'île.

La mythologie fait état de nombreux noms de souverains méropes, tels que: Mérope Phaethohdos de Cos, Mérope Yanthe, Mérope Prophthantos de Cos, Mérope roi de Cos Efmilos, Mérope Hyperphandos, Mérope Triopos, roi de Cos et bien d'autres encore.

Si nous tentons une autre interprétation mythologique, nous aboutirons alors à un résultat différent. Le successeur de Méropas 1er était Triopas II, auquel succéda Méropas II, dont la fille s'appelait Coos (Cos, par contraction). Certains chercheurs associent le nom de l'île à cette princesse.

Au cours des années de prospérité de la Crète minoenne, Minos II (souverain absolu dans presque toute la Méditerranée), après avoir réussi à chasser les Cariens de toutes les îles, décida de ne pas nuire aux habitants de Cos, afin d'entretenir avec eux des relations amicales durables.

Après Triopas III, c'est son fils Eudaimonas qui accéda au trône comme successeur de son père. Eurypylos succéda à son tour à Eudaimonas. Il épousa la belle Clytia, qui donna naissance à celui qui fut par la suite roi de Cos, Chalconas. C'est à lui que nous devons la fameuse source de Bourinna.Cécrops colonisa l'île après le déluge

Mosaïque de sol représentant Poséidon en train de vaincre le géant Polybotès. Musée archéologique de Rhodes.

de Deucalion, vers 1500 av. J.-C. Il fit escale à Cos en revenant d'une colonie égyptienne, Saida, pour se rendre en Attique. Peu de temps après, Danaos, venant de la Haute Égypte avec ses 50 filles, s'installa à Argos devenant ainsi l'aïeul de la lignée de Persée. Dans la mythologie, c'est à cette lignée que l'île de Cos était associée.

Ce n'est que plus tard, vers 1300 av. J.-C. que Tlépolème, roi de Rhodes, fils d'Héraclès et d'Astyoché, étendra son pouvoir jusqu'à Cos. Tlépolème fut le chef d'une colonie argo-athénienne.

La colonisation de Cos par les Héraclides constitue un cas extrêmement intéressant bien qu'assez confus. Il est relaté dans des légendes mystérieuses concernant le demi-dieu Héraclès (Hercule). Selon l'une de celles-ci, Héraclès, après avoir accompli les fameux Douze Travaux, reçut l'ordre de la part de son cousin le roi Eurysthée, d'effectuer d'autres travaux, mais cette fois d'une importance et d'une difficulté mineure. Parmi ces exploits figure la libération de la princesse Hésioné (fille de Laomédon, roi de Troie), qui avait été attachée sur un rocher, attendant ainsi d'être dévorée par un monstre marin. Héraclès tua le monstre mais Laomédon se joua de lui et ne lui donna pas la récompense qu'il lui avait promise. Fâché, il détruisit alors la cité de Troie et partit avec six navires chargés du butin qu'il avait pillé. Cinq navires sombrèrent dans une terrible tempête. À bord du sixième navire, Héraclès et certains de ses compagnons survécurent au naufrage. Les courants marins les emportèrent vers un cap de Cos, appelé de nos jours Cap Gourniatis. Tandis qu'ils marchaient vers l'intérieur du pays, ils rencontrèrent un berger surnommé Antagoras, qui faisait paître ses moutons. Héraclès demanda au berger de lui donner l'un de ses moutons afin d'assouvir sa faim, tout en ayant l'intention de le lui payer. Antagoras, qui était réputé pour sa force physique, lui répondit avec arrogance. Il défia Héraclès de lutter contre lui en lui promettant que s'il était battu, il lui offrirait le mouton. Héraclès releva le défi bien que fatigué par les mésaventures du voyage et épuisé par la faim. Le combat des deux hommes dura des heures. Tantôt Antagoras semblait prêt à battre Héraclès et tantôt cela semblait être le contraire.

Entre temps, des habitants de l'île s'étaient réunis sur le lieu du combat. Voyant qu'Héraclès était plus résistant, les autochtones vinrent à l'aide d'Antagoras. Cela provoqua la colère des compagnons du demi-dieu, qui se mirent à leur tour à soutenir leur chef. D'autres gens du pays se rassemblèrent alors et le combat se

Mosaïque de sol représentant l'hippocampe et la nymphe, œuvre probablement du 1er siècle av. J.-C., Musée archéologique de Rhodes.

transforma en vraie bataille. Soudain Héraclès se sentit envahi par la fatigue. Il se dégagea de la bataille tandis que ses compagnons se dispersèrent dans les montagnes des environs. Vêtu de vêtements féminins, le demi-dieu trouva refuge chez une femme originaire de Thrace. Les rumeurs parvinrent aux oreilles du roi Eurypylos, qui caractérisa Héraclès de pirate et ordonna son arrestation. La nuit venue, toujours déguisé en femme, ce dernier se cacha dans une forteresse de montagne située dans la région de Pylios, qui fut dès lors appelée Phyxa ou Pyxa (« la fuite »). Les habitants de la région l'entendirent, et surent qui il était. Comme ils étaient très hospitaliers de nature ils lui donnèrent raison lorsqu'il accusa Eurypylos et ses hommes d'avoir violé les coutumes de l'hospitalité. Ils aidèrent donc Héraclès dans sa campagne militaire contre Eurypylos. Pendant la bataille, le fils de ce dernier, Chalconas, réussit à blesser Héraclès mais ce dernier tua son père et prit en otage sa sœur Chalkiopi.

Il fit d'elle son épouse et reconnut Chalkonas comme successeur légitime du roi. C'est d'ailleurs lui qui ouvrit la source de Bourinna. Ensuite, Héraclès partit pour Folégandros. De son union avec Chalkiopi naquit Thessalos, qui devint par la suite roi de Nissyros et des îles Kalydnès au nord de Cos (Léros et Kalymnos). Les deux fils de Thessalos, Antiphos et Pheidippos, étaient les stratèges des trente navires envoyés par Cos, Kalydnès, Nissyros, Karpathos et Kassos pour soutenir les Achéens dans leur expédition contre Troie.

Tous ces récits mythologiques sur Héraclès et ses exploits correspondent aux déplacements de tribus grecques sur l'île et notamment à celles des Cariens et des Doriens. L'association avec les Héraclides (les 60 fils d'Héraclès et d'une manière plus générale, tous les descendants du héros) suggère les liens très étroits que Cos avait développés avec les rois et les habitants de Thessalie, dès le IIe millénaire av. J.-C.

Les vestiges des murs cyclopéens, qui se dressent près de la source de Bourinna, à Palioskala et à Aghios Fokas, ainsi que les noms des villes Halassarna et Astypalaia évoquent la présence de Cariens et de Doriens venus d'autres contrées.

Période préhistorique (4000 - 800 π.X.)

Comme nous l'avons signalé plus haut, le premier hameau néolithique connu à Cos date du IVe millénaire av. J-C. Les habitants ultérieurs de l'île qui vivaient à l'âge de bronze et plus particulièrement entre 3000 et 1500 cultivaient déjà la terre et ne vivaient plus à l'intérieur de cavernes.

En dehors des tribus grecques, Cos connut également la présence de l'envahisseur phénicien. Des tombeaux découverts à l'est de l'île indiquent que les Phéniciens transmirent aux autochtones la coutume d'enterrer les femmes mortes parées de leurs bijoux.

Aux alentours de 1600 av. J.-C. une colonie de Crétois Minoens s'installa auprès de la localité actuelle de Seraya, située dans la ville de Cos. Les Crétois avaient en effet besoin du port afin d'acheminer toutes leurs marchandises vers l'Asie Mineure. Les Crétois entretinrent cependant toujours des relations cordiales avec les habitants de Cos, évitant ainsi de créer toute dépendance socio-politique avec ces derniers.

Après la destruction des grands centres de la civilisation minoenne et le déclin des Crétois, les Mycéniens qui leur succédèrent s'emparèrent de toutes leurs colonies pour y construire leur propre empire. On a retrouvé les vestiges de neuf villes mycéniennes sur l'île de Cos. La plus importante est celle qui fut construite à l'emplacement de l'ancienne colonie minoenne, dans la région actuelle de Seraya. Elle dépendait de Rhodes mais avait cependant réussi à développer une activité commerciale significative avec des régions importantes d'Asie Mineure, de Syrie et d'Égypte.

Dans la seconde partie de l'"Iliade", Homère fournit des renseignements sur la participation de Cos et des îles voisines à la Guerre de Troie, avec 30 navires. Homère indique encore qu'après la prise de Troie, les capitaines des 30 navires (les Héraclides Pheidippos et Antiphos) périrent dans un naufrage sur le chemin du retour.

Podalirios, qui était le fils d'Asclépios (Esculape), se retrouva à Cos suite à un naufrage, accompagné de ses hommes (toujours à l'issue de la prise de Troie). Cette version de l'histoire indique que c'est à cette époque que le culte « d'Asclépios le thérapeute » s'instaura à Cos. Un autre mythe attribue la consécration du culte d'Asclépios sur l'île à l'influence future des colons venus d'Épidaure.

Après le déclin de Mycènes, les Doriens conquirent chaque région isolée, qui était auparavant dominée par les Achéens. Ils envahirent ainsi Cos, où le dialecte et l'écriture des conquérants parvinrent à s'imposer. Pendant la domination dorienne, Cos connut une nouvelle période de prospérité, tant dans le domaine de l'agriculture et de l'artisanat, qu'au niveau du commerce et de la navigation. Strabon (géographe grec) relate que grâce au soutien de Rhodes, Cos fonda des colonies à Elpies, en Italie méridionale et ailleurs.

Le culte antique

Ce sont surtout "Asclépios lètir" (le thérapeute) et Héraclès qui furent vénérés durant l'Antiquité. Pour honorer le dieu de la médecine, les anciens organisaient des fêtes grandioses pendant lesquelles ils offraient en guise de sacrifice des dons majestueux.

Mais les fêtes données en l'honneur d'Héraclès étaient aussi très impressionnantes. Ces cérémonies perpétuaient une coutume très singulière et tout à fait originale: le prêtre qui conduisait la cérémonie portait une robe de femme (une "esthita") et une mitre décorée de riches ornements. La coutume du prélat habillé en femme fut adoptée afin d'évoquer la fuite fabuleuse d'Héraclès, poursuivi par les hommes d'Eurypylos.

Bien entendu, d'autres dieux furent également vénérés à Cos: Apollon, Zeus, Dionysos, Déméter (la "thalyssia" est l'une des fêtes dédiées au culte de cette déesse), Aphrodite, Héra et bien d'autres.

Les dèmes anciens

A l'époque archaïque, la capitale de Cos était la ville d'Astypàlaia ou encore Astypalaia. Si l'on en croit certains chercheurs, son emplacement correspond au site côtier de "Palatia", qui se trouve à proximité du village de Kefalos.

Depuis l'époque archaïque, Cos fut gouvernée par des rois. Plus tard, la monarchie ancestrale se transforma en une "archontia" (seigneurie) à vie ("archontas"=prélat, chef noble) pour céder la place à une "archontia" décennale puis une "archontia" annuelle. Dès les VIIe et VIe siècles, les institutions politiques subirent des modifications radicales en Grèce de même que dans les régions environnantes. Les habitants de Cos adoptèrent des idées progressistes en obligeant enfin les prélats à céder le pouvoir à l'assemblée du peuple. C'est ainsi que fut instaurée sur l'île la démocratie et que furent constitués le Sénat ("Syglitos") et l'Assemblée du peuple ("Boulè"). Le seigneur suprême, détenteur d'un pouvoir honoraire et religieux, était nommé "monarchos" (monarque). Le pouvoir exécutif fut confié au "monarchos" et à six prytanes, accompagnés d'un scribe, à un ou plusieurs stratèges, à un commandant de flotte, à des capitaines et des triérarques. On nomma des trésoriers du dème, des comptables, des gardiens de la paix, des gardiens d'établissements publics et des percepteurs de dettes, des gardes des lois, des gardiens de l'agora et enfin des juges. Dans les écoles, ce sont des instituteurs payés par les parents d'élèves qui enseignaient. L'éducation des enfants pauvres était prise en charge par le dème.

Les habitants de Cos

Statue de la déesse Hygie avec le serpent. Y ses pieds se trouve Éros. 2ème siècle av. J.-C., Musée archéologique de Cos.

honoraient tout particulièrement les vainqueurs des compétitions athlétiques publiques, qui étaient divisées en trois catégories: enfants, éphèbes (adolescents) et hommes adultes. Le chef des fêtes et des compétitions athlétiques était le gymnasiarque tandis que les exercices étaient dirigés par un gymnaste. Les joueurs de guitare étaient responsables de la musique tandis que l'éducation était gérée par les "paidonomes" (surveillants des enfants).

Souveraineté perse

Vers la fin du VIe siècle av. J.-C. les Perses avaient étendu leur royaume en y annexant les villes grecques d'Asie Mineure sous forme de satrapies (provinces du royaume Perse). Naturellement, ils n'en restèrent pas là. Leur expansionnisme toucha également les îles avoisinantes. Tout comme ces dernières, Cos devint ainsi elle aussi une satrapie perse. Au début, malgré l'occupation militaire et les exigences financières des envahisseurs, Cos entretenait des relations cordiales avec les Perses. Mais lorsque ces derniers se préparèrent à attaquer les cités de la Grèce continentale en demandant le soutien de tous leurs alliés et vassaux, les habitants de Cos refusèrent de coopérer. Les Perses se fâchèrent et ils s'emparèrent de l'île en imposant à ses habitants la reine d'Halicarnasse, Artémise 1ère, alliée fidèle du roi perse Xerxès. C'est ainsi que sur l'ordre d'Artémise, on construisit à Cos cinq navires qui vinrent s'ajouter, de force, à la flotte perse.

Avec la défaite des Perses à Platées et à Salamine et la destruction totale du reste de la flotte perse dans le détroit de Mycale, Cos (en même temps que d' autres cités et îles grecques) se libéra du joug perse.

Aux côtés des Athéniens ou des Spartiates?

En 477, Cos s'unit à Délos (Ligue de Délos) et, par la suite, à la confédération maritime d'Athènes. La contribution annuelle de Cos à la caisse commune de la confédération représentait une somme importante, ce qui indique à quel point l'île était prospère et influente à l'époque. Bien que des liens très anciens aient uni les habitants de Cos aux Doriens, cela ne les empêcha pas de se ranger du côté des Athéniens à l'aube de la Guerre du Péloponnèse, en 431. Il y eut bien sûr des réactions négatives de la part du groupe oligarchique de l'île, ce qui aboutit à un rapprochement de très courte durée avec les Spartiates (ennemis des Athéniens).

Pendant l'hiver de 413-412 av. J.-C., un séisme terrible ravagea plusieurs régions de Cos. En 411, la flotte spartiate arriva dans la capitale Astypalaia sous le commandement de l'amiral Astyochos. Malgré les démonstrations amicales de la part des autochtones, les Spartiates occupèrent la cité, puis ils la détruisirent et la pillèrent. De nombreux habitants furent alors contraints de quitter la ville pour s'installer dans une île voisine située au sud-est de Cos, qu'ils appelèrent Astypalaia. D'autres se déplacèrent vers l'extrémité opposée de l'île, dans une agglomération située à proximité de l'Asclépieion ainsi qu'au Cap Scandario. Sur l'incitation des prêtres du temple d'Asclépios, un grand nombre d'habitants de l'île se regroupèrent dans cette région. Plus tard, ils y construirent la ville de Cos qui devint la nouvelle capitale de l'île.

Lorsque les Athéniens furent informés des catastrophes causées par le tremblement de terre et par l'offensive des Spartiates, ils envoyèrent sur place le général Alcibiade, armé de nombreux navires, de munitions et d'argent. Il fortifia la cité et vint à l'aide de ses habitants. Cependant, en 409, Cos s'allia de nouveau aux Lacédémoniens pour se joindre ensuite (après une période très courte) aux alliés d'Athènes. Mais en 405, après la victoire d'_Aegos-Potamos remportée par Lysandre et la destruction de la flotte athénienne, les habitants de Cos se rallièrent finalement à Sparte. Lysandre abolit le régime démocratique et instaura une "décarchie".

L' apothéose de la médecine

Avant l'époque d'Hippocrate, à Cos comme dans la Grèce entière, les personnes malades faisaient des sacrifices et des invocations au dieu de la médecine, Asclépios (Esculape). Les médecins étaient nommés Asclépiades. On distingue certains médecins célèbres du pays qui précédèrent Hippocrate, tels Nevros, Apollonidès (médecin guérisseur du roi Artaxerxès Ier), Gnossidicos qui était le père d'Apollonidès (il fut également le maître d'Hippocrate) et Hérodicos ou Prodicos.

Hippocrate

Avant d'examiner de plus près l'évolution des évènements historiques de Cos, nous allons tout d'abord étudier la personnalité et l'œuvre du plus grand médecin de l'Antiquité, Hippocrate, qui naquit à Cos en 460.

Hippocrate fut le plus important des Asclépiades (médecins de l'Antiquité); il mit au point pour la première fois une classification systématique de la médecine et comme l'atteste Galien, il instaura la thérapie des patients par une méthode consistant en un examen général. C'est pour cette raison qu'il conserve jusqu'à nos jours le titre de Père de la Médecine. De nombreux écrivains de l'Antiquité se sont intéressés à sa vie et à son oeuvre. Nous citerons par exemple Eratosthène, Phérécyde, Areios, Histomachos, Andréas et Soranos de Cos. Les trois biographies conservées jusqu'à aujourd'hui se sont appuyées sur les écrits de ces derniers. Il s'agit des biographies de Soranos d'Ephèse et de Tretzis le Byzantin ainsi que de celle contenue dans le Lexique de Souda (ou Souida).

Du côté de son père, Hippocrate était le dix-huitième ou dix-neuvième descendant d'Asclépios (Esculape); du côté de sa mère Phainareti (ou Praxithea) il était le vingtième descendant d'Héraclès. En dehors de la Médecine, il étudia également la Philosophie aux côtés de Démocrite ainsi que la Rhétorique sous la direction du sophiste Gorgias et du rhéteur Leondios. Il fit ses études dans les Asclêpieion (sanctuaires d'Esculape) de Cos et d'Ionie. Il étudia les phénomènes naturels à l'Asclêpieion d'Éphèse, en s'appuyant sur des papyrus offerts par Héraclite à ce Temple. À Milite, il suivit les cours d'Anaxagore qui traitaient "de la matière". Melissos, grand stratège et philosophe, lui transmit les théories de Pythagore à Samos et à Anaia, en Asie Mineure.

Hippocrate parcourut la Macédoine, la Thrace, la

Mosaïque ornant le péristyle du musée archéologique de Cos et représentant l'arrivée d'Asclépios sur l'île.

Scythie, les îles de la mer Égée, Smyrne, Athènes, l'Égypte, la Libye, le Péloponnèse et la Thessalie. En 430, au plus fort de la Guerre du Péloponnèse, ce grand scientifique se trouvait à Délos. Cette même année, une terrible épidémie de choléra dévasta Athènes: Périclès décida alors d'inviter sur place le savant médecin qui sauva la cité de l'épidémie. Les Athéniens lui rendirent hommage de plusieurs façons. Il fut le deuxième, après Héraclès, à être initié aux mystères d'Éleusis. En gage de gratitude, les Athéniens lui décernèrent la couronne d'or et le proclamèrent citoyen à part entière de la cité d'Athènes.

Hippocrate était un homme modeste et désintéressé. Infatigable et toujours disponible, il guérit de nombreux malades et il enseigna son art médical à une pléthore de scientifiques. Il refusa à deux reprises d'offrir ses services à des pays hostiles aux cités grecques, lorsque les Illyriens et les Péons (puis plus tard les Perses) l'invitèrent chez eux en échange d'une importante somme d'argent et de cadeaux fastueux.

Hippocrate passa les dernières années de sa vie à Larissa, où il mourut à l'âge de 104 ans (ou 109 ans, d'après d'autres théories), l'année même de la mort de Démocrite. Soranos d'Éphèse écrivit au IIè s. après J.-C. qu'il avait vu la tombe d'Hippocrate. C'est également ce que prétendent d'autres écrivains plus récents. Dans "La bibliothèque grecque", le poète Anthimos Gazis écrit: "*Son tombeau se conserve jusqu' à nos jours*" (1807).

Il ajoute qu'il l'a vu de ses propres yeux, "sur la route", au milieu de tombes appartenant à des Turcs. Il aurait également vu les inscriptions figurant sur la stèle funéraire; mais il ne les copia pas, craignant les Turcs qui l'avaient cerné de façon menaçante.

Aristotelis P. Kouzis, universitaire et académicien, nous informe que "*Plus tard, aux alentours de mars 1897, Mr S. Samartzidis, médecin à Larissa, écrivit ceci à propos du tombeau d'Hippocrate: en 1826, suite à une inondation, des paysans ont découvert un reliquaire à dix minutes de la ville de Larissa et plus exactement à l' est de la route qui mène à Tyrnavos et aux confins des villages Giannouli et Kissaios. Th. Andreadis et L.Iconomidis, qui étaient des érudits de Larissa se sont empressés de l'examiner. En fouillant, ils ont trouvé une stèle portant des inscriptions. Sur cette stèle ils ont pu voir clairement le nom d'Hippocrate, mais par peur, ils n'ont pas voulu chercher plus loin. En revanche, ils ont prié un bey turc, qui défendait les Chrétiens, de conserver la stèle funéraire. Elle fut ainsi sauvée contrairement aux autres objets du reliquaire, qui furent pillés. Plus tard, après la mort du bey, Samartzidis, vit la stèle dans la demeure de ce dernier. Il en recopia l' inscription et la publia dans la revue "Iatriki Melissa" (4, p. 534, 6). Il trouva également le reliquaire*".

Un livre du guide Georgios Chr. Soultanos intitulé "Cos" contient cette inscription faite de mots à demi effacés:

.... ΙΠΠΟΚΡΑΤ .... ΚΩ................
ΑΓΛΑΟΦ .... ΣΩΜΑ .... ΠΟΛΕΙ........
ΜΕ ΤΕΛΕΣΦ ....
ΑΓΑΘΗ..................ΑΡΕ.................. ΕΝΕΚΑ ....
ΧΡΗΣΤΕ ....ΧΑΙΡΕ...........

Aujourd'hui nous ne disposons plus d'aucune trace du reliquaire ni de l'inscription de la stèle.

Hippocrate fut un écrivain particulièrement important qui rédigea de nombreuses œuvres. Cinquante sept d'entre elles ont été sauvegardées. Elles peuvent être classées en oeuvres générales, anatomiques, physiologiques, diététiques et chirurgicales mais aussi en études des maladies générales, de gynécologie, d'ophtalmologie, d'obstétrique et de pédiatrie; sans oublier ses traités au contenu varié. Ces œuvres (y compris celles qui n'ont pas été conservées), tout comme le fameux "Serment", ont été lues par des milliers de médecins au cours des siècles, propageant ainsi l'esprit et les connaissances du grand Asclépiade.

Après Hippocrate, de nombreux médecins de Cos furent ses disciples directs ou indirects. Parmi eux on distingue: ses fils Thessalos et Dracon, son beau-fils Polybe, Praxagoras, Philinos, Kritodimos (médecin d'Alexandre le Grand), Dracon le Second, Hippocrate le Cinquième (médecin de Roxane), Dexippos (médecin de Mausole), Erasistratos (médecin de la cour des Séleucides), Nikas, Xénophon Stertinios (médecin de l'empereur Claudius), Antipatros Dioscouridis (médecin à Halassarna), Nassandros Anissipou (élève d'Antipatros Dioscouridis) et bien d'autres encore. Dracon, fils d'Hippocrate et lui aussi médecin, est lié à une légende médiévale de l'île: Dracon et le serpent sacré étaient les génies malfaiteurs qui rôdaient autour du platane d'Hippocrate.

1. Ὄμνυμι Ἀπόλλωνα ἰητρόν καί Ἀσκληπιόν καί Ὑγείαν καί Πανάκειαν καί Θεούς πάντας τε καί πάσας ἵστορας ποιεύμενος, ἐπιτελέα ποιήσειν κατά δύναμιν καί κρίσιν ἐμήν ὅρκον τόνδε καί ξυγγραφήν τήνδε.

2. Ἡγήσασαι μέν τόν διδάξαντά με τήν τέχνην ταύτην ἴσα γενέτησιν ἐμοῖσι, καί βίου κοινώσασθαι καί χρεῶν χρηΐζοντι μετάδοσιν ποιήσασθαι καί γένος τό ἐξ αὐτοῦ ἀδελφεοῖς ἴσον ἐπικρινέειν ἄρρεσι, καί διδάξειν τήν τέχνην ταύτην, ἤν χρηΐζουσι μανθάνειν, ἄνευ μισθοῦ καί ξυγγραφῆς.

3. Παραγγελίης τε καί ἀκροήσιος καί τῆς λοιπῆς ἁπάσης μαθήσιος μετάδοσιν ποιήσασθαι υἱοῖσί τε ἐμοῖσι καί τοῖσι τοῦ ἐμέ διδάξαντος καί μαθηταῖσι συγγεγραμμένοις τε καί ὡρκισμένοις νόμῳ ἰητρικῷ, ἄλλῳ δέ οὐδενί.

4. Διαιτήμασί τε χρήσομαι ἐπ᾽ ὠφελείῃ καμνόντων κατά δύναμιν καί κρίσιν ἐμήν, ἐπί δηλήσει δέ καί ἀδικίῃ εἴρξειν.

5. Οὐ δώσω δέ οὐδέ φάρμακον οὐδενί αἰτηθείς θανάσιμον, οὐδέ ὑφηγήσομαι ξυμβουλίην τοιήνδε· ὁμοίως δέ οὐδέ γυναικί πεσσόν φθόριον δώσω.

6. Ἁγνῶς δέ καί ὁσίως διατηρήσω βίον τον ἐμόν καί τέχνης τήν ἐμήν.

7. Οὐ τεμέω δέ οὐδέ μήν λιθιῶντας, ἐκχωρήσω δέ ἐργάτῃσιν ἀνδράσιν πρήξιος τῆσδε.

8. Ἐς οἰκίας δέ ὁκόσας ἄν ἐσίω, ἐσελεύσομαι ἐπ᾽ ὠφελείῃ καμνόντων, ἐκτός ἐών πάσης ἀδικίης ἑκουσίης καί φθορίης τῆ τε ἄλλης καί ἀφροδισίων ἔργων ἐπί τε γυναικείων σωμάτων καί ἀνδρείων, ἐλευθέρων τε καί δούλων.

9. Ἅ δ᾽ ἄν ἐν θεραπείῃ ἤ ἴδω ἤ ἀκούσω, ἤ καί ἄνευ θεραπείης κατά βίον ἀνθρώπων, ἅ μή χρή ποτε ἐκλαλέεσθαι ἔξω, σιγήσομαι, ἄρρητα ἡγεύμενος εἶναι τά τοιαῦτα.

10. Ὅρκον μέν οὖν μοι τόνδε ἐπιτελέα ποιέοντι καί μή ξυγχέοντι εἴη ἐπαύρασθαι καί βίου καί τέχνης, δοξαζομένῳ παρά πᾶσιν ἀνθρώποις ἐς τόν ἀεί χρόνον· παραβαίνοντι δέ καί ἐπιορκέοντι, τἀναντία τουτέων.

Le Serment d'Hippocrate

(Traduction: Littré, 1844).

1. Je jure par Apollon médecin, par Esculape, par Hygie et Panacée, par tous les dieux et toutes les déesses, les prenant à témoin, que je remplirai, suivant mes forces et ma capacité, le serment et l'engagement suivants

2. Je mettrai mon maître en médecine au même rang que les auteurs de mes jours, je partagerai avec lui mon avoir, et le cas échéant je pourvoirai à ses besoins ; je tiendrai ses enfants pour des frères, et s'ils désirent apprendre la médecine, je la leur enseignerai sans salaire ni engagement.

3. Je ferai part des préceptes, des leçons orales et du reste de l'enseignement à mes fils, à ceux de mon maître et aux disciples liés par un engagement et un serment suivant la loi médicale ; mais à nul autre.

4. Je dirigerai le régime des malades à leur avantage, suivant mes forces et mon jugement, je m'abstiendrai de tout mal et de toute injustice.

5. Je ne remettrai à personne du poison si on m'en demande, ni ne prendrai l'initiative d'une pareille suggestion ; semblablement je ne remettrai à aucune femme un pessaire abortif.

6. Je passerai ma vie et j'exercerai mon art dans l'innocence et la pureté.

7. Je ne pratiquerai pas l'opération de la taille, je la laisserai aux gens qui s'en occupent.

8. Dans quelque maison que j'entre, j'y entrerai pour l'utilité des malades, me préservant de tout méfait volontaire et corrupteur, et surtout de la séduction des femmes et des garçons libres ou esclaves.

9. Quoi que je voie ou entende dans ma société pendant l'exercice ou même hors de l'exercice de ma profession, je tairai ce qui n'a jamais besoin d'être divulgué, regardant la discrétion comme un devoir en pareil cas.

10. Si je remplis ce serment sans l'enfreindre, qu'il me soit donné de jouir heureusement de ma vie et de ma profession, honoré à jamais parmi les hommes ; si je les viole et que je me parjure, puissé-je avoir un sort contraire !

Le IVe siècle

Refermons maintenant cette parenthèse sur Hippocrate et sur le développement de la médecine à Cos, pour retourner à la narration des faits historiques du IVe siècle av. J.-C.

En 394 av. J.-C., le général athénien Conon remporta une victoire sur la flotte Spartiate, à Cnide. Cos se rangea alors à nouveau aux côtés des Athéniens, faisant ainsi partie dès 378 (ou 377) de la deuxième ligue athénienne, une fédération composée de 75 cités.

Mais les querelles entre les oligarques (partisans des Spartiates) et les démocrates (partisans des Athéniens) se poursuivaient. En 366, un conflit très grave menaçait de déclencher la guerre civile à Cos. Cela put être évité pour la raison suivante: à cette époque, on était en plein aménagement de la nouvelle capitale, au N-E de l'île (à l'emplacement de la ville actuelle). Cette édification comprenait de nouvelles fortifications autour de la ville, un port artificiel ainsi que d'autres travaux. On a découvert à l'emplacement de cette cité des ruines d'établissements d'époque mycénienne, ce qui laisse supposer que cette région était habitée dès la plus haute Antiquité. Les autres cités se soumirent à l'hégémonie politique de la nouvelle capitale. Cette dépendance fut une source de créativité car la nouvelle capitale, grâce à son emplacement géographique et à la proximité du fameux Asclêpieion, réussit à instaurer des liens commerciaux et maritimes lui permettant d'offrir aux habitants de Cos une nouvelle période de prospérité.

La population de l'île se serait alors élevée à 160.000 habitants. Parallèlement à l'essor du commerce, les arts et les lettres firent un progrès notable. Cette évolution progressiste et démocratique de Cos provoqua la convoitise du régime monarchique voisin d'Halicarnasse.

Cos ainsi que d'autres alliés des Athéniens, sur l'incitation du roi d'Halicarnasse Mausole et de sa sœur et épouse Artémise, s'opposèrent à la ligue athénienne, en 357 et en 356. Les oligarques de Cos furent au premier rang de ce mouvement, éblouis par les promesses et les cadeaux offerts par la cour d'Halicarnasse. Cos et d'autres "renégats" réussirent à dissoudre la ligue athénienne, en 355.

Pendant quelques années, l'île fut annexée au royaume de Mausole. La démocratie fut abolie et un régime militaire fut instauré. La population enregistra un déclin, l'essor fut stoppé, de nombreuses écoles furent contraintes de fermer leurs portes et un grand nombre de maîtres et artistes importants quittèrent l'île.

En 333, Ptolémée, l'un des principaux généraux d'Alexandre le Grand réussit à conquérir le royaume de Carie en s'emparant d'Halicarnasse. Les habitants de Cos s'empressèrent alors de chercher refuge auprès des Macédoniens en leur proposant de s'allier à eux.

Suite à la mort d'Alexandre le Grand (323), les conflits et les rivalités entre ses successeurs éclatèrent. Cos se rangea aux côtés de Ptolémée, le souverain macédonien qui régnait sur l'Égypte. C'est à Cos que naquit, en 309, Ptolémée II Philadelphe, fils et successeur du précédent. Cela établit des liens plus étroits entre Cos et Alexandrie, la capitale des Ptolémées et fit connaître à l'île un nouvel essor économique, intellectuel et artistique. De nombreux écrivains de l'Antiquité indiquent qu'à cette époque-là, Cos exportait des quantités considérables de vin, d'huile, de soie et de tissus artisanaux.

Encore un siècle de prospérité

La haine et les rivalités se poursuivaient entre les successeurs d'Alexandre le Grand. Les habitants de Cos furent gouvernés par plusieurs souverains, et semblaient marquer une nette préférence pour le plus puissant d'entre eux. Ils connurent ainsi la souveraineté d'Antigonos, auquel succéda Ptolémée, puis de nouveau Antigonos et ils se tournèrent enfin une fois de plus vers Ptolémée!

Entre temps, l'île continuait à évoluer. Au IIIe siècle, Cos occupait une place significative parmi les îles de la mer Égée grâce à sa richesse et à la puissance de sa flotte. Il semble que les habitants de Cos aient su jouer le jeu de la politique de manière judicieuse. En effet, en dehors de leurs relations avec les "grands protecteurs" de l'époque, ils prenaient soin d'entretenir des liens étroits avec des îles voisines progressistes, telle que Rhodes.

Une inscription sur marbre découverte en 1907 par un grand amateur d'archéologie surnommé Jacob Zaraphtis, nous informe que Cos formait une fédération avec les îles Kalydnès (Léros et Kalymnos). Les fédérés avaient même prévu un *"serment de fidélité" au régime démocratique.*

En 220 av. J.-C., les habitants de Cos furent entraînés par leurs alliés Rhodiens dans la deuxième guerre macédonienne. Mais les Macédoniens battirent la flotte alliée, en la repoussant et en l'obligeant à chercher refuge dans le port de Cos. Peu après, une flotte de navires crétois provenant d'Iérapytna (Iérapétra) menaça la capitale de l'île. Tous les habitants de Cos s'unirent alors et luttèrent courageusement près du cap Lakitir (Cap Gourniatis, entre Kardamaina et Kefalos). En tant que vainqueurs incontestables, ils capturèrent bon nombre de navires crétois. Une autre partie de la flotte crétoise se préparait à débarquer à Halassarna, menaçant de ce fait le temple d'Apollon. Commandés par l'amiral Nicostratos, les habitants de Cos réussirent une fois encore à repousser l'assaillant.

C'est justement à cette époque que la puissance romaine commença à se faire menaçante. Les cités grecques et les successeurs d'Alexandre le Grand étaient pratiquement ruinés à cause des conflits et des luttes incessantes. Les anciennes "grandes puissances" de la région hellénique et de la mer Égée étaient en déclin.

Cos, Rhodes, et même Athènes, s'allièrent à Rome dans l'espoir que les Romains les aideraient à affronter l'expansionnisme croissant de Philippe V, roi de Macédoine.

Domination Romaine

Tout comme les autres villes grecques, Cos avait sous-estimé la menace qu'allait représenter Rome. Elle n'avait pas mesuré les possibilités et la ténacité de ce nouvel état militaire occidental. Lorsqu'elle se retrouva face à face avec les légions toutes puissantes et la flotte offensive des Romains, il était trop tard pour qu'elle restructure ses forces afin de répondre avec succès à l'offensive.

En 197 av. J.-C., les habitants s'allièrent avec les Romains et avec le roi de Pergame, Attale, suivi de ses alliés les Rhodiens, pour lutter contre Philippe V, roi de Macédoine. Les forces alliées réussirent à battre ce macédonien obstiné dans la bataille de Cynocéphales. Cos choisit alors de se placer sous la "protection" de la puissante cité de Rome, tout en continuant à entretenir des relations avec Rhodes et quelques îles avoisinantes.

En 171 av. J.-C., au cours de la troisième guerre de Macédoine, Cos fit une fois encore cause commune avec Rhodes, contre les Macédoniens. En 166, lorsque Délos fut proclamée "port libre", l'économie de Rhodes subit un coup terrible. Les conséquences ne furent pas aussi graves pour l'île de Cos, soit parce qu'elle se situait à une plus grande distance de Délos, soit parce qu'elle avait toujours entretenu de bonnes relations avec l'Égypte et l'Asie Mineure. Cos continua donc à évoluer même durant cette période difficile. Malgré le danger menaçant qui se profilait du côté de l'Occident, l'île se distingua de nouveau en tant que centre économique florissant, où affluaient les richesses provenant de nombreuses régions. Elle constituait en outre un centre bancaire majeur.

Mithridate, roi du Pont, parvint à la conquérir en 88 av. J.-C. Peu de temps auparavant, il avait battu les Romains, s'était emparé de presque toute l'Asie Mineure et avait ordonné le massacre de 80.000 Romains (150.000 selon d'autres sources). Seuls quelques-uns de ces derniers réussirent à se réfugier à Cos et à Rhodes, où la population les accueillit chaleureusement. Cela provoqua la colère de Mithridate, qui attaqua les deux îles. Ne réussissant cependant pas à faire fléchir l'île de Rhodes, qui était mieux fortifiée, il se vengea sur Cos.

Cléopâtre, femme de Ptolémée Évergète avait laissé son petit-fils Alexandre (Ptolémée VIII) à Cos dès 102, pensant qu'il y serait à l'abri. Elle avait également confié à l'Asclêpieion une grande partie de son trésor ainsi que son testament. Mithridate fit Alexandre prisonnier; il s'empara du trésor de Cléopâtre et des dépôts colossaux de certains banquiers juifs, sans manifester le moindre respect pour le caractère "sacré" et "inviolable" de l'Asclêpieion.

Pour se venger, Cos et Rhodes envoyèrent des navires en renfort de la flotte romaine. Les Romains accordèrent alors des privilèges plus nombreux aux deux îles.

Pendant ce temps, Rome ne cessait d'étendre son influence sur de nouveaux territoires. Cos demeurait son alliée en tirant profit de sa situation géographique, de ses produits et de la renommée de l'Asclêpieion.

Icône byzantine représentant la dormition de la Vierge.

En 82 av. J.-C., les Romains délivrèrent définitivement Cos du danger que représentait Mithridate. L'empereur Antoine ratifia même une loi accordant le droit de citoyenneté romaine aux citoyens de l'île. En l'an 32 av. J.-C., le tétrarque Hérode passa quelques temps sur l'île de Cos. L'empereur romain Tibère reconnut à l'Asclêpieion son caractère de lieu d'asile.

Deux ans plus tard, l'île faisait partie de la province d'Orient de l'empire romain. Bien qu'ils aient bénéficié de nombreux privilèges, les habitants de Cos étaient en fait devenus les vassaux des Romains. Ces derniers, afin de se faire pardonner les innombrables vols de trésors artistiques appartenant à Cos, diminuèrent considérablement les taxes annuelles qu'ils avaient imposées aux insulaires. En revanche, tout en apportant leurs propres institutions, ils exigèrent de la part des autochtones la construction de temples dédiés au culte de leurs empereurs divinisés.

Cinq ou six ans après la naissance du Christ, l'île subit de nouveaux dégâts provoqués par un séisme. Un autre tremblement de terre secoua Cos, en 142 après J.-C., alors que le christianisme commençait à se propager. Lors de l'un de ses voyages, l'Apôtre Paul fit une escale à Cos. Un grand nombre d'insulaires s'était converti à la nouvelle religion malgré les persécutions des Chrétiens par les Romains. Plus tard, à savoir après l'édit de Milan (313), la liberté de culte leur fut accordée.

Période byzantine

Peu après l'an 330 de notre ère, lorsque Constantin le Grand fit de Constantinople la nouvelle capitale de l'état romain d'Orient et inaugura l'empire byzantin, Cos faisait partie du Dodécanèse. Les insulaires continuaient à être au service du christianisme. Les fervents chrétiens pouvaient se recueillir dans des églises typiques de l'époque (les basiliques). Aujourd'hui, on trouve dans plusieurs régions de Cos des églises de ce style et des vestiges de basiliques.

Toutes les provinces situées sur le littoral de l'empire byzantin furent attaquées à maintes reprises par les pirates. Cos attira souvent l'attention d'aventuriers en quête de trésors, en raison de son emplacement géographique et de sa réputation de cité riche.

Aux environs de 476, des vandales pillèrent l'île en y provoquant de graves dégâts. Un nouveau pillage aux conséquences désastreuses eut lieu en 500. Il fut cette fois-ci provoqué par les hordes d'Alaric, roi des Wisigoths. On assista ensuite aux incursions des Slaves et des Arabes qui, eux aussi, dérobèrent de nombreuses richesses de l'île.

Les fondations des maisons de Psalidi et du hameau de Koubourno révèlent qu'il y eut dans le passé un affaissement du sol d'environ 1m. Cela se produisit en 554, lorsqu'un séisme terrible frappa l'île en détruisant sur son passage toute la ville, les villages et l'Asclêpieion.

Les insulaires réagirent de manière dynamique, comme ils en avaient l'habitude après chaque catastrophe et chaque invasion. Ils se mirent en effet à reconstruire leurs bâtiments et leur fortune. L'île demeura bien entendu un pôle d'attraction pour les pirates, qui poursuivaient sans relâche attaques et pillages. À titre d'exemple nous citerons les Sarrasins, en 612, puis ultérieurement, les Normands.

Domination Franque

C'est aux environs de 1660 que les croisés firent leur apparition. Ils étaient de nationalités différentes (Vénitiens, Français, Allemands et autres). Sous des prétextes soi-disant "religieux", ils se livrèrent à des actes de pillage, tout en se dirigeant vers l'orient.

En 1204, Cos dut se soumettre aux Francs tout comme le firent les autres îles de la mer Égée, la Grèce continentale et Byzance. L'état vénitien se vit attribuer par tirage au sort les trois-huitièmes de l'empire byzantin, qui comprenait entre autres les îles. Léon Gavalas fut nommé gouverneur des îles et s'autoproclama souverain indépendant de Rhodes et de Cos. C'est ainsi que pendant plusieurs années, l'île de Cos connut un gouvernement vénitien quelque peu insolite.

L'empereur byzantin Michel VIII Paléologue parvint à reprendre Constantinople et à chasser les souverains latins loin de l'île. Mais l'empire byzantin désormais en déclin était susceptible de subir de nombreux changement.

Michel Paléologue dut demander l'aide de certains amiraux de Gênes. Installés dans leurs nouveaux territoires, les Génois, ambitieux et avides d'argent, avaient des revendications toujours plus importantes qui les menèrent à s'engager dans divers conflits. Mais dans ce climat de disputes interminables et de succession au sein des Francs, les pirates attendaient le moment propice pour attaquer l'île. Vers 1312, les Catalans et les hispano-Arabes attaquèrent et pillèrent Cos à plusieurs reprises.

En 1309, le seigneur génois de la région vendit

Le fort vénitien.

Cos, ainsi que d'autres terres qui étaient en sa possession, au grand maître de l'ordre de Ioannina, Foulques de Villaret, magistère de l'ordre. Les chevaliers de l'ordre de Saint Jean arrivèrent sur l'île en 1314 ou en 1315: leur domination dura à peu près 220 ans.

En 1347, une grave épidémie décima la population de Cos. Au même moment, les Turcs entraient dans une campagne militaire offensive en vue de conquérir les îles proches de leur territoire, venant ainsi s'ajouter aux assaillants déjà présents que constituaient les pirates européens et africains. Ils utilisaient à cette fin plusieurs milliers de guerriers et des centaines de navires. Les Chevaliers parvinrent malgré tout à repousser à plusieurs reprises les assauts turcs, grâce à l'aide des autochtones et des forces alliées de Rhodes.

Domination turque

Les souffrances infligées aux habitants de Cos par les chevaliers et les pirates n'étaient rien comparées à celles que les Turcs leur firent subir par la suite. En 1523, le Sultan Soliman voulut s'emparer de l'île après avoir déjà conquis Rhodes. Un accord préalable avait été passé entre le Sultan et les chevaliers, qui impliquait une compensation financière pour les deux parties. Ils quittèrent donc l'île sans avoir enregistré aucune perte et en emportant même une grande partie de leurs richesses.

Répressions, persécutions et humiliations firent partie de la vie quotidienne des habitants dès le début de l'occupation. Les envahisseurs turcs firent preuve d'un comportement barbare à l'égard des Grecs: l'enrôlement systématique des garçons, les massacres coutumiers, les châtiments atroces et les exigences continuelles de l'ennemi constituaient le lourd tribut du peuple grec. Outre le pillage, le but de l'envahisseur turc était de parvenir à convertir les autochtones à sa propre religion. Un grand nombre d'habitants trouvèrent la mort pour avoir refusé de renier la foi chrétienne. Parmi eux on distingue Ioannis Nafcliros, mort en martyr et brûlé vif par les Turcs, le 8 avril 1669.

En 1603, les Chevaliers tentèrent en vain de reconquérir Cos. Ils ne parvinrent qu'à piller l'île et à réduire à l'état de captivité des centaines de femmes qu'ils vendirent au marché des esclaves de Tunis.

En 1601, 1603 et 1610, des pirates espagnols et hispano-Arabes pillèrent de nouveau l'île. Pourtant, en dépit des adversités et des persécutions subies par la population, le sentiment de fierté nationale de cette dernière demeura intact. Les habitants de Cos affirmèrent en effet leur présence dans tous les combats du peuple grec asservi. On assista notamment à des mouvements révolutionnaires pendant les guerres russo-turques (fin du XVIIIe siècle). De nombreux autochtones devinrent membres de la Société Amicale et oeuvrèrent avec ferveur afin de préparer la Révolution Hellénique.

Lorsque la guerre d'indépendance éclata, Cos se rangea naturellement aux côtés des grecs insurgés. Sachant que les insulaires soutenaient la révolution en fournissant aux rebelles des hommes et des munitions, les Turcs pendirent le 6 juin 1821 quatre-vingts douze notables sous le platane d'Hippocrate et vingt-six autres à Kako Prinari.Si les autochtones échappèrent à plusieurs reprises aux actes de vengeance acharnés de la part des Turcs, c'est souvent grâce à l'intervention de prélats respectables ou de consuls des forces étrangères.

Occupation italienne

Après plusieurs siècles de domination turque, le 7 mai 1912, l'Italie fit accoster ses navires dans le port de Cos et occupa l'île sous prétexte qu'elle agissait en force de libération. Les habitants accueillirent les Italiens avec beaucoup d'enthousiasme croyant qu'ils resteraient sur l'île uniquement le temps de régler l'unification du Dodécanèse à la Grèce libre.

Le 20 décembre 1912, l'ensemble de la population de l'île, avec à sa tête l'évêque et les "démogérondes" (détenteurs du pouvoir local, sous l'occupation turque), adhéra à une résolution qu'elle envoya par la suite aux grandes puissances de l'époque. Cette résolution déclarait de manière énergique que les habitants de Cos avaient conservé la grécité de leur île pendant plusieurs centaines d'années; qu'ils refusaient toute possibilité de répétition de la domination turque et qu'ils désiraient être rattachés au plus vite à la mère-patrie, la Grèce.

Les déclarations des Italiens relatives à leur présence provisoire dans les îles et au respect des droits religieux, éducatifs et administratifs des autochtones, étaient bien entendu destinées à fourvoyer l'opinion publique.

Ce fut alors le début de l'occupation italienne, tout comme cela était déjà le cas dans d'autres îles du Dodécanèse. Pendant les premières années, les conditions de vie de la population hellénique étaient acceptables. Mais avec l'instauration du régime fasciste en Italie, les gouverneurs italiens commencèrent à opprimer les habitants du Dodécanèse. L'occupation et le tremblement de terre ravageur de 1933 furent les deux facteurs qui poussèrent les populations des montagnes à émigrer. À la suite des séismes, de nouvelles agglomérations furent fondées. Nous citerons par exemple celles de Zipari et de Mastichari, qui connurent un essor rapide au cours de ces dernières années.

Dans les régions fertiles, les envahisseurs émirent un grand nombre de décrets d'expropriation prévoyant des indemnisations dérisoires pour les propriétaires. Des colons venus d'Italie méridionale s'y installèrent ensuite. Toutes les écoles grecques furent fermées pour laisser la place à des écoles exclusivement italiennes. On interdit l'ordination de jeunes prêtres orthodoxes et de nombreuses paroisses de l'île restèrent donc sans ecclésiastiques.

En 1940, dès les premières heures de la déclaration de guerre faite à la Grèce par l'Italie, de nombreux habitants de l'île furent arrêtés. Tout comme un grand nombre d'habitants du Dodécanèse, ils furent déportés à Rhodes dans un camp de concentration italien, où ils vécurent dans des conditions déplorables. Deux ans plus tôt, on assista à une terrible calamité sur le plan du patrimoine culturel. En effet, sur les ordres du gouverneur italien, trente mosaïques antiques ainsi que de nombreuses statues furent transférées à Rhodes. Les mosaïques furent utilisées pour décorer le parvis du Palais des Grands Maîtres, et neuf des statues emportées ornent toujours la cour du Palais, qui avait été restauré par les Italiens.

La réunification

Suite à la défaite de l'Italie, en 1943, ce sont les Allemands qui envahirent Cos. L'île connut alors une rude période de famine et de privations. Dénués de scrupules, les Allemands condamnèrent à la potence un grand nombre de patriotes. De simples soupçons de participation à la Résistance étaient considérés comme des motifs d'arrestation. Ils imposèrent aux habitants de Cos les travaux forcés et démantelèrent littéralement l'élevage ainsi que l'économie de l'île en général. Ils n'hésitèrent pas à exécuter des dizaines d'officiers italiens de grade supérieur ou inférieur simplement parce que ces derniers étaient antinazis. Il en fut de même pour les Grecs (dont les pendaisons se poursuivirent, même à quelques jours de la libération).

Durant l'occupation allemande, les bombardements provoquèrent de nombreux dégâts. Une partie de la population grecque trouva refuge au Moyen Orient, tandis que de leur côté les Turcs partirent clandestinement pour s'établir au Proche Orient. Les forces d'occupation capturèrent aussi des Juifs qu'ils déportèrent dans des camps de concentration allemands. Le 9 mai 1945, en tant que mandataires des forces armées victorieuses, les Anglais prirent la domination de Cos. Un an plus tard un défi fut lancé, consistant à rétablir la vie sur l'île et à en reconstruire l'économie. Ce processus d'élaboration d'une nouvelle Cos grecque engendra une nouvelle vague d'immigration turque vers l'Asie Mineure.

La libération (1946) rendit à l'île une partie de sa population, qui avait provisoirement émigré. Le rattachement tant désiré du Dodécanèse à la Grèce était enfin réalité: le 7 mars 1948, au milieu de manifestations enthousiastes et bouleversantes de la part des habitants de l'île désormais libres, Cos hissa le drapeau grec.

Malgré la libération, le problème démographique continuait à se poser, dans des termes toujours aussi graves. L'émigration vers les États-Unis ou l'Australie dans les années 50 engendra une forte baisse de la population insulaire: le recensement de 1971 indiqua une baisse de 2.000 habitants par rapport à la population recensée en 1947 (18.545 habitants). Le recensement officiel de 1981 dénombre 20.350 habitants. Cet accroissement spectaculaire de la population est lié au développement touristique de Cos et au rapatriement des émigrés de la diaspora. Ces derniers créèrent de petits hôtels familiaux en ville et dans les régions touristiques de l'île. Aujourd'hui, la population de Cos atteint le nombre d'environ 24.000 habitants.

CITY OF KOS
AVIS

KALYPSO
HERMES

3

CULTURE ET TRADITION

Dès le premier instant, en l'apercevant depuis le bateau, le visiteur sera impressionné par l'île de Cos. Puis au détour de sites évoquant la mémoire historique et culturelle de l'île, il se retrouvera à l'ombre du platane d'Hippocrate se dressant au milieu d'édifices imposants, qui témoignent du passage de l'occupant tuc et italien sur l'île. Il admirera l'arbre centenaire, symbole du Père de la médecine, Hippocrate. En descendant en voiture depuis Antimacheia et en se dirigeant vers la ville, une image toute différente s'offre alors au visiteur: une campagne dorée, remplie de meules de foin couvrant des champs qui s'étendent jusqu'à la mer.

Mémoires d'un autre temps.

Et sur le versant de Messaria situé en face (et s'étalant jusqu'au pied du mont Dikaios), on distingue une vaste plaine ainsi que des petites collines plantées de vignes et de jardins potagers, produisant principalement tomates et aussi quelques melons, qui viennent ainsi rappeler l'importante production de melons et de pastèques sur l'île par le passé. Le tabac et le sésame, qui constituaient les principaux produits de Cos au cours des années d'après guerre, appartiennent désormais au passé, tout comme cela risque d'être le cas pour la riche production de tomates, qui faisait autrefois fonctionner 7 usines de fabrication de concentré de tomates.

La tradition de Cos dans le domaine de l'agriculture et de l'élevage est presque révolue aujourd'hui, en raison de l'important essor du tourisme. La mutation sociale qui s' ensuivit permet donc d'expliquer les modifications enregistrées au niveau de la société de l'île, qui passa en effet d'une structure agricole à une population urbaine vivant principalement du tourisme. De plus, les changements démographiques ainsi que l'installation sur l'île de personnes originaires d'autres régions de Grèce (voire même de l'étranger) afin de répondre aux besoins croissants du tourisme, modifièrent la structure sociale de la population autochtone, composée principalement d'habitants natifs de Cos et de quelques musulmans, étant principalement employés dans l' élevage.

Une population multiculturelle présentant un grand intérêt va ainsi jouer un rôle nouveau dans l'histoire de l'île. Elle va devoir adopter les us et coutumes de la région tout en menant l'île vers une réalité nouvelle. Mais dans une région qui connaît les origines de ses traditions, tout changement s'effectue de manière solide et radicale et il ne s'entend que dans le cadre de l'intégration positive des éléments étrangers. Il s'agit toujours d'une assimilation et en aucun cas de domination ou d'abolition. Voilà pourquoi Cos surprend: elle sait évoluer.

Hommes et occupations

Tout comme les habitants de la plupart des îles grecques, les habitants de Cos sont aimables et paisibles. Ils se distinguent en outre par leur ardeur au travail et par leur hospitalité. Les villages conservent encore l'esprit d'entraide et de collaboration qui régnait durant les années de servitude (avant 1948). En dépit de l'essor touristique rapide, de la mentalité « nouveau riche » et de la recherche exacerbée de profit, les sentiments d'honnêteté et d'humanisme n'ont pas abandonné les habitants de Cos. Île riche, Cos sut rendre la vie relativement facile à ses habitants. Il s'agit en effet de l'une des îles les plus fertiles de la mer Égée. Depuis l'Antiquité l'île se caractérise par le célèbre dicton:

«celui qui ne peut être nourri par Cos ne pourra pas l'être même par l'Égypte».

La plupart des habitants de l'île (les 4/5 environ) vivaient donc de l'agriculture et de l'élevage jusque dans les années 60. Aujourd'hui, presque la moitié

Scènes du passé ou images contemporaines ? À Cos, la vie a son propre rythme.

de la population active est employée dans les hôtels et les professions du tourisme. Les infrastructures hôtelières (260) et les chambres chez l'habitant (environ 6500) comptent presque 66.000 lits et emploient quelque 7800 personnes (en 1999), sur 5 à sept mois de l'année. Une partie des habitants (environ 1/5) est employée dans l'agriculture et l'élevage. Cos est couverte de plaines irriguées, où l'on cultive des produits maraîchers tels que tomates, pastèques, melons, courgettes, aubergines, gombos, haricots, salades etc.. On recense en outre 16 serres qui permettent de produire des produits maraîchers primeurs sur le marché local. Les oléiculteurs (2000) présentent une augmentation sensible au cours des dernières années, en raison des subventions qui leur sont accordées. Les oliveraies couvrent 2500 hectares, avec au total environ 650.000 oliviers. Trois huileries modernes sont encore en activité. L'île produit également des céréales, telles que le blé, l'orge, l'avoine et le maïs. Les éleveurs cultivent le trèfle, la gesse ainsi que d'autres plantes destinées à nourrir leur bétail. Cos possède aussi une manufacture vinicole, deux usines laitières, deux fabriques de boissons gazeuses, une usine de tannage ainsi que des petites manufactures employant quelques dizaines d'employés.

Cuisine locale

L'un des plats cuisinés par les femmes de Cos porte le nom de « pittaridia ». Il se compose d'une pâte à base de farine et d'œufs, qui est aplatie puis coupée en de longues bandes étroites qui sont ensuite enduites de beurre et de fromage blanc et que l'on fait cuire dans un bouillon de viande. Ce plat est généralement servi la veille des mariages.

L'autre spécialité locale est le «pasa-macarona», sorte de pastitsio à base de pâte pétrie avec des œufs et fourré de viande de porc hachée et de fromage blanc. Avant la cuisson, la préparation

Gâteau traditionnel au miel, le fameux « maeria », et (en bas) la taverne traditionnel de Zia.

est aspergée de bouillon de viande et de lait. Cette préparation est typique des repas de carnaval.

Á Cos, les fromages locaux sont plongés dans du vin ou dans le résidu du vin. Les fromages «rouges» sont délicieux et ils sont particulièrement employés dans la préparation de feuilletés au fromage et d'autres plats. Lors des fêtes organisées à Cos, on offre généralement des «giaprakia», qui sont des feuilles de vigne farcies. Dans les villages de l'ouest de Cos, on confectionne également les fameuses «marmaritès». Elles sont réalisées à base d'une pâte spéciale qui est cuite par morceaux dans un plat en marbre. On les trempe ensuite dans de l'œuf battu, puis on les fait frire dans de la graisse de porc et on les asperge de miel de raisin. Il s'agit d'un plat typique durant la fête de l'épiphanie. Un autre plat très répandu à Cos est le « katiméria », fait avec de la pâte coupée en morceaux carrés ou ronds, fourrés avec un mélange à base de fromage blanc et d'œuf. On fait ensuite frire les petits feuilletés et on les arrose de sirop ou de miel.

Les gâteaux les plus fréquemment réalisés par les femmes de Cos, spécialement durant les fêtes de Noël et du Nouvel an, sont les « sarmousadès ». Ils sont réalisés avec des noix ou des amandes enroulées dans de la pâte, puis on les coupe en forme de losange, comme le baklava, et on les fait cuire.

Us et coutumes

Un grand nombre de coutumes anciennes sont toujours suivies par les habitants de l'île. L'une des traditions caractéristiques de l'île est celle du **5 septembre:** *avant le lever du soleil, les femmes emmènent à la mer deux piles (une ancienne et une nouvelle) de produits locaux comprenant des grenades, du raisin, de l'ail, des branches d'oliviers, et enfin des feuilles du platane d'Hippocrate. Elles jettent dans la mer le tas composé des produits anciens et disposent les nouveaux au bord de l'eau, afin qu'ils soient fouettés par les vagues. Elles ramassent ensuite le tas nouveau et remplissent un récipient d'eau de mer et de galets. Puis, elles se rendent jusqu'au platane d'Hippocrate dont elles enlacent le tronc afin de puiser des forces de ses années. En rentrant chez elles, elles suspendent le petit tas au retable et elles aspergent chaque angle de la maison avec l'eau de mer et les petits galets afin de se protéger des mauvais sorts.*

Une autre tradition suivie par certains agriculteurs est celle de **l'abattage du porc**, *qui a lieu en octobre ou en novembre. Famille et amis sont invités à assister à la fête, puis une fois la bête abattue et découpée, on cuit de délicieux mets, on ouvre des barils de vin et la fête peut alors commencer. Depuis quelques années cette coutume est ravivée par des associations locales et elle accueille de nombreux invités.*

Le 30 novembre, le jour de la Saint Andréa, un grand nombre de femmes font des loukoums (appelés **«akoumia»** *par les autochtones) qu'elles envoient à leurs amis ou parents. Le 4 décembre (Sainte Barbara), elles préparent les fameuses* **«barbaras»**, *gâteaux réalisés à base de froment, de sésame, de noix, de grenade, de cannelle et d'autres épices. Elles rendent ainsi hommage à la sainte, qui protège les enfants de la variole.*

Les **chants** *de Noël, du Nouvel An et de l'Épiphanie sont aujourd'hui encore chantés par les enfants dans les maisons ou encore par les écoliers et les groupes de jeunes, qui parcourent les rues avec des instruments de musique. Les gens viennent en masse dans les sanctuaires et sur les plages lors de la bénédiction et de l'immersion de la croix dans la mer le jour de l'épiphanie.*

Á l'occasion du **carnaval**, *les gens se rassemblent entre amis, ils dînent ensemble et chantent des chansons propres à l'occasion. En guise d'instrument de musique, ils utilisent généralement un grand plateau métallique appelé «ligéri» ou «vatselli». Les enfants et les jeunes se déguisent et vont de maison en maison ainsi que dans les bistrots en mimant des scènes comiques. Dans les villages ils fabriquent la célèbre «kokkala». Il s'agit d'un squelette de tête d'âne. Ils l'habillent d'une peau de mouton, y accrochent des cloches, l'ornent d'un bâton et insèrent un fil dans sa mâchoire afin qu'elle s'ouvre et se ferme. L'un des enfants la porte enroulée dans un petit tapis et va de maison en maison, accompagné de ses amis.*

Le **samedi de la Saint Lazare**, *les femmes préparent les fameux « lazarakia »: avec une pâte spéciale elles font des petits pains longs qu'elles garnissent d'une purée faite de raisins secs, de sésame et d'arômes divers. Elles leur donnent* ensuite la forme d'un homme enseveli (tel qu'est généralement représenté Saint Lazare) et placent deux clous de girofles à la place des yeux. Puis elles les font cuire et les conservent jusqu'à la semaine de carême, où ils seront dégustés par toute la famille.

La fête de la **Saint Georges** s'accompagne toujours de courses de chevaux organisées à Pyli.

Pour la fête de la **Saint Jean** (24 juin) on allume des feux («fanaux») et l'on chante des vers populaires. Au cours de ces dernières années la coutume des fanaux a lieu non seulement dans les cours des maisons, mais aussi sur la place centrale de la ville de Cos, où elle est organisée par l'annexe locale du Lycée des Jeunes filles grecques. Enfants et adultes sautent au-dessus des flammes puis ils assistent à des danses régionales, en présence de nombreux visiteurs venus sur l'île pour l'occasion.

Costumes locaux

L'habillement des hommes de Cos était constitué d'un pantalon caractéristique des îles, de couleur bleue ou noire; d'un gilet croisé sans manches en velours et enfin d'une veste courte qui ne se fermait pas. En hiver, cette veste était remplacée par une veste en laine ornée de boutons. Elle était resserrée à la taille par une ceinture en laine de couleur noire ou verte. Pendant les jours de fêtes, de nombreux hommes agrémentaient leurs pantalons de ceintures blanches, ornées de rayures de couleur et de franges. Ils portaient un fez ou un béret en velours noir. Les chaussures des paysans étaient de trois sortes: les fanchons, chaussures profondes en cuir, à la semelle épaisse, destinées aux travaux; les «tzesmedès», qui arrivaient jusqu'au genou et que les hommes portaient durant les jours de fêtes; et enfin, les «papadistika», semblables aux chaussures actuelles, qui étaient principalement portées par les gens âgés.

Le costume des femmes de Cos se composait d'une tunique blanche en lin, qui arrivait jusqu'à la cheville et d'un gilet aux manches très longues, qui formaient un revers. Par-dessus le gilet, les femmes riches portaient un manteau en soie. Les plus pauvres revêtaient simplement une veste épaisse ou une veste appelée «babakli», qui était faite d'un tissu doublé fourré de coton et piqué de coutures serrées. Sur la tête, elles portaient (certaines le portent d'ailleurs encore) le «tsebéri», foulard léger orné de motifs multicolores. Lors des travaux quotidiens elles revêtaient un foulard blanc ou un tsébéri en coton (en été) pour se protéger du soleil. Les jeunes filles célibataires portaient souvent un fin bandeau blanc autour du front. Pour les fêtes officielles ou pour leur mariage, les plus riches d'entre elles portaient un foulard précieux en soie naturelle, brodé de fleurs. Leurs chaussures se constituaient généralement de mules en velours brodées ou de chaussures basses en cuir.

En été, elles portaient des sabots. Aujourd'hui, ces costumes ne sont plus portés qu'à l'occasion des défilés, durant les fêtes traditionnelles et au cours de certaines manifestations, dont entre autre celle du lycée des jeunes filles grecques de Cos, qui veillent avec beaucoup de ferveur au maintien des traditions.

Tradition musicale

Depuis l'Antiquité, Cos possède une riche tradition musicale. Durant les années hellénistiques uniquement l'île donna naissance à vingt artistes (chanteurs, joueurs de guitare, flûtistes et chantres), soit la moitié du nombre total d'artistes du Dodécanèse. Au cours des années byzantines, la tradition musicale des îles fut influencée par la musique religieuse. À la suite des Croisades, lorsque les Francs envahirent la mer Égée, ils apportèrent des musiques nouvelles ainsi que des éléments poétiques tels que la rime, mais aussi des instruments nouveaux tels le violon. La rime franque fut associée aux vers typiquement grecs, aux vers iambiques à quinze syllabes, afin de former les fameuses «mantinadès», ces distiques improvisés. Pendant la période de domination turque on assista dans le Dodécanèse à l'apparition de chansons orientales (amanèdès). La tradition musicale du Dodécanèse assimila de manière créative les éléments orientaux et les influences occidentales, créant ainsi une tradition musicale riche aux multiples facettes. C'est donc dans ce cadre et dans les origines plus larges de la mer Égée que s'inscrit la tradition musicale de l'île.

Les **instruments** *les plus répandus et qui sont utilisés aujourd'hui encore dans les mariages, les fêtes ou autres manifestations diverses, sont le violon, le luth et la lyre. Les bergers réalisent avec des bambous la cornemuse et le «piniauli», dont ils jouent généralement en gardant leurs moutons. Les musiciens se contentent de jouer des morceaux anciens auxquels ils n'ajoutent que rarement des variantes nouvelles que ce soit au niveau du rythme ou de la mélodie.*

On observe une tradition similaire dans le domaine de la **danse**. *L'une des danses les plus répandues à Cos est le «sianos», plus communément appelée «siganos». La «sousta» est une danse plus complexe comprenant de nombreuses figures. C'est une variante de la danse crétoise portant le même nom. On danse également le «balos», qui tire ses origines de la période de l'occupation franque, le «syrtos», le «roditikos», le «kalamatianos» et bien d'autres encore.*

Tout comme dans le reste du Dodécanèse, les chansons de Cos étaient très variées: on distinguait en effet les **chansons** *religieuses, sociales, historiques, familiales, agricoles, saisonnières, satyriques, funéraires, les chansons de fiançailles, les berceuses etc. Aujourd'hui encore, dans de nombreux mariages chanteurs et paroliers chantent des chansons spéciales dédiées à l'habillage de la mariée, puis à celui du marié ou encore au moment où les deux époux entrent dans la danse. Parmi les chansons caractéristiques de Cos, on distingue le «Dyosmaraki» ainsi que «Mélachrino». D'intéressantes versions de chansons «acrites» ont été sauvegardées. Parmi les chansons narratives démotiques, les plus connues sont les vers («stoichoplakies »), qui font référence aux traditions, à l'émigration, à des aventures, ainsi qu'à des événements agréables ou regrettables de la vie courante.*

Manifestations culturelles

Des manifestations culturelles sont organisées sur l'île par le Centre Culturel de la municipalité de Cos, la commission provinciale de Cos, les comités culturels des nouvelles municipalités de Dikaios et d'Héraklidos, par des comités culturels et autres

La fête du miel ne se célèbre pas à date fixe. Elle a lieu au mois d'août et c'est à cette occasion que l'on confectionne le gâteau traditionnel au miel. On offre ensuite de la pastèque à tous ceux qui auront mangé une grosse quantité du gâteau.

organismes divers. Parmi les divers comités culturels on distingue les suivants: Comité culturel des habitants de Cos FILITAS, lycée des jeunes filles de Cos, centre éducatif d'Asfendiou THEOCRITOS, centre culturel de Pylio APELLIS, centre culturel d'Antimacheia PROODOS, centre culturel de Kardamaina ARGO, association culturelle de Kéfalos, centre naturiste de Cos, club cinématographique de Cos...

Parmi les événements culturels ayant lieu de manière régulière, on compte des conférences dirigées par des hommes de lettres réputés. On organise en outre des colloques ayant pour thème la culture locale. Les jeunes peuvent également participer à des concours récompensés par des prix. On assiste encore à la formation de chorales, de troupes théâtrales ou de groupes de danse. Des calendriers ornés de thèmes folkloriques sont imprimés. On organise des salons du livre en général et également des salons de livres relatifs au Dodécanèse. Des excursions et des visites de sites archéologiques ont lieu par périodes, ainsi que des rencontres d'information concernant les problèmes des jeunes. On peut aussi assister à des manifestations visant à la sauvegarde des traditions. Au cours de ces dernières années, certains organismes culturels tels que le Centre Culturel de Cos, l'association culturelle des habitants de Cos, le comité FILITAS, la commission culturelle provinciale de Cos... éditent les œuvres remarquables de scientifiques originaires de Cos, concernant l'histoire, la culture et la tradition de Cos. Durant les mois d'été, des manifestations culturelles sont organisées au sein des trois municipalités: Les HIPPOCRATEIA, à Cos; les DIKAIA, dans la municipalité de Dikaios; et les HÉRAKLEIA, à Héraklion. Ces manifestations durent entre 8 à 10 semaines et elles comprennent des représentations théâtrales, des concerts, des danses populaires, des expositions artistiques, des divertissements traditionnels, des manifestations destinées aux émigrés de Cos... On distingue toutefois la représentation du serment d'Hippocrate, qui a lieu dans l'enceinte de l'Asclêpieion de Cos, en présence de nombreux visiteurs: des jeunes filles, vêtues de costumes blancs et portant une jarre, descendent sur deux rangées, lentement et de manière rythmée, le premier escalier de l'Asclêpieion, tandis qu'au milieu, trois joueurs de flûte habillés de tuniques jouent un morceau rythmé. En fin de cortège, on aperçoit un jeune homme paré d'une couronne, qui tient un parchemin contenant le texte du serment d'Hippocrate et est escorté par deux jeunes filles vêtues de blanc. En arrivant au second niveau, les porteuses de jarres jettent des fleurs sur l'autel de l'Asclêpieion et prennent place autour de l'autel, où le jeune homme à la couronne, dans une atmosphère solennelle récite le serment d'Hippocrate.

Lettres et arts

Grâce à Hippocrate, Cos est considérée comme le berceau de la médecine. C'est en effet cette école fondée par le père de la médecine qui révéla de célèbres médecins de l'Antiquité tels Praxagoras, qui fut le meilleur anatomiste du IVe siècle avant J.-C.; Dexippos, éminent médecin, disciple d'Hippocrate; Kritodimos, célèbre chirurgien et médecin personnel d'Alexandre le Grand; Callippos, qui sauva de nombreux citoyens de la région d'Aptéra, en Crète, et fut décoré de la couronne d'or; Xénotimos, qui reçut également la couronne d'or pour avoir sauvé de nombreux patients. Philinos était lui aussi un médecin originaire de Cos et il fut le fondateur de l'école expérimentale de médecine (IIIe siècle avant J.-C.). La tradition médicale de Cos se poursuivit jusqu'au Ier siècle de l'ère chrétienne. Parmi les médecins réputés de l'époque on distingue Sertinios Xénophon, médecin personnel de l'empereur Tibère Claudius (41 ap. J.-C.).

Au IIIe siècle av. J.-C., alors que l'île connaissait une période de prospérité, le poète Philitas de Cos, *fonda une école littéraire dans laquelle étudièrent des hommes célèbres tels que Théocrite (dont le père était originaire de Cos), principal poète pastoral de l'Antiquité; Hérondas, le meilleur mime des années hellénistiques; et Ptolémée II, l'un des plus importants rois d' Égypte, né à Cos en 309 av. J.-C. C'est à Cos également que vécut Apelle, l'un des plus grands peintres de l'Antiquité (356-276 av. J.-C.) et qu'il réalisa certaines de ses œuvres remarquables. L'un de ses plus beaux tableaux orna l'Asclêpeieon de Cos durant environ trois siècles. Il s'agit de « l'apparition d'Aphrodite », qu' Octave Auguste emporta à Rome après avoir envahi Cos. L'art de la mosaïque connut également un essor significatif sur l'île de Cos. Certaines de ces superbes mosaïques ornent d'ailleurs les salles du château de Rhodes. L'une des plus belles, représentant des poissons, est aujourd'hui exposée au musée de Cos.*

La musique constitue l'un des arts qui furent particulièrement cultivés à Cos. Dioscouridis (le citharède) fut l'un des musiciens les plus célèbres de Cos, qui remporta la victoire lors de la fêtes des Asclépias en 182 av. J.-C. Parmi les autres citharèdes réputés on distingue Théomneste, qui vécut au 1er siècle av. J.-C., ainsi qu'Alexandre le tragédien, qui vécut au IIe siècle après J.-C.

Du côté des philosophes originaires de Cos, on compte Evimeros, qui naquit en 340 et mourut en 260 av. J.-C.; ainsi qu'Ariston, philosophe péripatéticien (appartenant à l'école d'Aristote, qui enseignait en marchant), qui se distingua au IIe siècle av. J.-C. Parmi les historiens les plus célèbres, on distingue Macareus (auteur de « Koaka ») ou encore Sisyphe, qui écrivit sur l'épopée de la guerre de Troie. Tous deux vécurent durant les années hellénistiques. C'est à cette époque également que vécut Xénocrite, homme de lettres originaire de Cos qui est considéré comme l'un des premiers critiques des œuvres d'Hippocrate.

Cos abrita en outre une école d'astrologie, fondée en l'an 270 de l'ère chrétienne par le prêtre Babylonios, afin de sauvegarder les connaissances en astronomie des Chaldéens.

Le système législatif de l'île était l'un des meilleurs de la période hellénistique, ce qui amena d'autres villes grecques à appliquer un grand nombre de lois de Cos. Des juges de Cos étaient en outre souvent de sollicités afin de donner leur avis sur des affaires concernant d'autres îles ou d'autres villes.

Le système éducatif de Cos se distinguait par sa remarquable organisation. En dehors de la musique et des lettres, on accordait aussi une importance significative à la gymnastique. C' est d'ailleurs pour cette raison que de nombreux athlètes de renommé se distinguèrent dans l'Antiquité. On citera par exemple Xénombrotos, vainqueur répété des concours hippiques d'Olympie (380 av. J.-C.); Xénodikos, qui fut également vainqueur olympique de boxe dans la catégorie junior (376 av. J.-C.); Filinos le coureur, qui remporta pendant environ dix années consécutives la victoire, lors des courses des jeux Olympiques (268 après J.-C.), les jeux Isthmiens, les jeux Pythiques, les jeux Néméens. On peut également mentionner le lutteur Damocratès, qui sortit vainqueur des jeux béotiens de Thespies (190 av. J.-C.), Damoxène, qui remporta la victoire au lancé du poids et bien d'autres encore.

Mosaïque de sol post-hellénistique représentant un petit Éros ailé en train de pêcher. Musée archéologique de Rhodes.

Architecture

Le caractère architectural de l'île n'est pas resté intact. Il a été affecté par le développement du tourisme, et notamment par la création d'un très grand nombre d'hôtels. On est en effet étonné par la pléthore d'imposants bâtiments, aussi bien en ville que dans les régions purement touristiques. L'aspect architectural de la ville après le tremblement de terre de 1933, a totalement changé. Les maisons typiques à deux étages et aux portes et fenêtres en boiserie bleue, ont été remplacées par des bâtiments modernes destinés bien sûr à répondre aux exigences de la vie contemporaine mais ne rappelant malheureusement en rien le passé de l'île.

Le quartier historique de la ville, Chavouzia, qui se trouve derrière Aghia Paraskevi, ainsi que les hameaux d'Asfendiou conservent un caractère traditionnel et ils sont considérés comme sites classés. On peut encore y apercevoir des réminiscences du mode de vie, de l'activité professionnelle et de l'architecture traditionnelle de Cos.

Mémoires d'un style architectural... d'un autre temps.

LEGVM OMNES SERVI SVMVS

Les matériaux utilisés pour la construction des maisons étaient la pierre, la terre ou la chaux. Les portes et les fenêtres étaient bordées de "madémata", c'est-à- dire de pierres de taille aussi fines en hauteur qu'en largeur.

Les toits étaient faits de "meskiès" (poutres) en bois et étaient recouverts de roseaux. Au dessus des cannes on déposait des algues et de la "porselana" (pouzzolane) recouverte à son tour de "patelia" (terre glissante). Le toit était orné d' une cheminée. La maison était orientée vers le sud-est.

En ville comme à la campagne, de nombreuses maisons populaires conservent l'architecture traditionnelle et la décoration intérieure comporte des éléments du passé.

Vues de la décoration extérieure et intérieure des maisons populaires.

4 LA VILL

La capitale actuelle de l'île, porte le nom de l'île: Cos. Il s'agit de l'une des plus belles villes de Grèce. Selon le dernier recensement, elle compte un peu moins de 16.000 habitants. La ville de Cos comporte des rues larges, une belle plage ornée d'un port artificiel, des parcs et des allées, mais aussi le château des Chevaliers et enfin d'innombrables sites archéologiques. Au milieu de la ville se dressent des bâtiments aux formes variées ainsi que des constructions datant d'époques diverses. On aperçoit en outre des hôtels récents, des restaurants et des boîtes de nuit.

Ce mariage de bâtiments modernes, de constructions traditionnelles et de vestiges divers, crée une atmosphère particulière et confère à la ville un charme exceptionnel. Cette harmonie est due en grande partie à la végétation abondante, souvent même tropicale, qui borde les différents édifices. La ville a

été construite selon des plans antisismiques, suite au séisme catastrophique de 1933. Tout comme le reste de l'île, la ville subit en effet à l'époque d'importants dégâts. Depuis l'Antiquité l'île fut à plusieurs reprises ravagée par des tremblements de terre fréquents.

Cos est surnommée la "ville aux bicyclettes" parce que presque tout le monde s'y déplace à vélo. La liaison avec les villages est assurée en bus ou en taxi.

Le fait que l'île possède des liaisons aériennes et maritimes fréquentes, a contribué de manière significative au développement du tourisme grec et international. Chaque année, Cos constitue un réel pôle d'attraction pour des milliers de visiteurs venant de la Grèce entière et des quatre coins du monde. En été notamment, la vague touristique crée une atmosphère cosmopolite, bruyante et multilingue.

TO ASKLIPIEION
ETHNIKIS ANTISTASSIS
SKEVOU
EGLIION
ARGYROKASTROU
THEOFRASTOU
ZERVOU
KLEOVOULOU
KORITSAS
ZARAFTOU
NIKIFOROU
MANDILARA
VEROPOULOU
BOUBOULINAS
IEROU LOCHOU
ALIKARNASSOU
ELEFTHERIOU VENIZELOU
PINDOU
KYPROU
OMIROU
IRODOTOU
V. IPIROU
GRIGORIOU E'
MEG ALEXANDROU
MEGALOU ALEXANDROU
TSALDARI
AG. PAVLOU
CHRISTODOULOU
KOLOKOTRONI
APELLOU
PISANDROU
KLEOPATRAS
METSOVOU
ANT. IOANNIDI
IFESTOU
YPSILANTOU
FERAIOU
AKTI KOUN TOURIOTOU
VASILEOS PAVLOU
AL. DIAKOU
NAVKLIROU
KAVAKOPOULOU
MEROPIDOS
XANTHOU
VIRONOS
IPPOKRATOUS
FINIKON
NATHANAÏL
MITRO POLEOS
E. VENIZELOU
Ag. Nikolaos
AGIOU NIKOLAOU
KORAÏ
AKTI MIAOULI
EM. PAPPA
ANDRIOTAKI
SORANOU
IRONDA
STRATIGOU MAKRIGIANNI
G. IOANNIDOU
EPICHARMOU
FILIMONOS
ARISTONOS
VIROSSOU
XENOFONTOS ASTYPALEAS
NISSYROU
KNIDOU
ARSENIOU
PLASTIRA
SP. IKONOMOU
KARAÏSKAKI
ALKONOS
THESSALOU
VASSILEOS GEORGIOU B'
Agia Marina
G. PAPATHEOFANOUS
EVRYPYLOU
LAOUMZI
FENARETIS
STADIO
ARTEMISIAS
HATZIVASSILIOU
HARMILOU
NIK. MANOUSSI
PSALIDI - AGHIOS FOKAS
GERASSIMOU
PIXIOTON
PAMFILON
NEOMART. CHRISTOU
AMERIKIS
PORFYRIOU
NAVARINOU
SPETSON
PSARON
PATAKOU
YDRAS
SALAMINOS
KANARI
THEMISTOKLEOUS
Agios Pavlos
IGIAS
P. GERMANOU
ANTIMACHOU
AVEROF
AKTI KOUNTOURIOTI
FILINOU
N

LÉGENDES

1. Port
2. Place Polytechnique
3. Agora romaine
4. Mairie – Douane
5. Police touristique
6. Banque Nationale
7. Place Elefthérias
8. Mosquée Deftédar
9. Musée Archéologique
10. Agora
11. Aghia Paraskévi
12. Mosaïques anciennes
13. Stade antique
14. Place Constantin Paléologue
15. Place Diagoras
16. Gymnases (xystos)
17. Hippodrome antique
18. Nymphée antique
19. Odéon antique
20. Habitation romaine
21. Bus interurbains
22. Bureaux d'Olympic Airways
23. Banque ionienne
24. Télécommunications
25. Poste
26. Taxi
27. Château
28. Le Platane d'Hippocrate
29. Mosquée Gazi Hassan
30. Commanderie
31. Agora antique
32. Hôpital
33. Archevêché
34. Hydroglisseurs
35. Place du 3 septembre
36. Banque Pistéos
37. Banque Agricole
38. Police du port

*Le **port** constitue la première halte de chaque visiteur. La vie y connaît un rythme effréné de jour comme de nuit. Les derniers fêtards enfin couchés, c'est alors une autre vie qui débute. Marins, pêcheurs, poissonniers, commerçants, caïques et camions défilent dans un va-et-vient incessant. Le port offre alors l'image d'une foule bruyante et disparate, qui se livre à des opérations d'achat et de vente diverses. Les paquebots, les chalutiers et les bateaux de plaisance transportent passagers et marchandises.*

Tout autour du port, on distingue le quai Koudourioti bordé de toutes sortes de magasins ornés d'inscriptions en plusieurs langues, de boites de nuit et d'hôtels.

*Á proximité du port on aperçoit la place **Place Elefthérias**. Elle est bordée de nombreux magasins, du musée et de la mosquée Deftedar.*

À l'heure où les derniers fêtards des boites de nuit rentrent dormir, un monde différent, vivant et bruyant, envahit le port de la ville.

1

La foule s'y promène dans un mouvement de va-et-vient incessant. Tout autour de la place, on distingue des ruelles abritant des magasins, dans lesquels Eleftherias on peut passer quelques heures agréables.

La place Elefterias se trouve dans le centre-ville. Le Musée Archéologique est sur le côté nord, en face de l'édifice qui abrite le marché et d'une mosquée typiquement turque, la mosquée Deftedar.

L'Akti (quai) Koudouriotou débouche sur la place du Platane. C'est ici que se trouve le château des Chevaliers, qui est probablement l'édifice le plus impressionnant de l'île. Devant

1. Vue de la place Elefthérias – on distingue le minaret de la mosquée Deftédar.
2. La place centrale et l'édifice du club.
3. L'église d'Aghia Paraskévi.
4. Le marché municipal.
5. L'entrée du musée archéologique.
6,7. Vues de la ville.

2

3

4

5

6

7

l'entrée principale du château des Chevaliers se dresse un arbre gigantesque mesurant plus de 10 mètres de pourtour. Il s'agit du fameux **platane d'Hippocrate***, qui aurait été planté ici il y a environ 2400 ans par un grand médecin. La légende veut que ce soit sous les rameaux de cet arbre et à l'ombre de ses feuilles qu'Hippocrate ait enseigné la médecine à bon nombre de ses disciples. Selon d'autres sources, c'est sous ce même arbre que les habitants de l'Antiquité auraient érigé la statue d'un poète célèbre, leur compatriote Filitas (334-270 avant J.-C.).*

Il est en outre très probable que l'apôtre Paul ait prêché l'Évangile aux habitants de Cos en ce même lieu.

Étant donné l'âge et la splendeur de cet arbre, il n'y a rien d'étonnant à ce qu'il soit lié à divers mythes et légendes populaires. On le considérait autrefois comme un arbre aux propriétés exceptionnelles. Certaines coutumes anciennes, célébrées pour la plupart le 1er septembre de chaque année, ont été conservées jusqu'à aujourd'hui.

Cet arbre séculaire est considéré de nos jours comme étant le plus ancien d'Europe. Pendant la période de la domination turque on plaça juste à côté du platane un sarcophage antique dans lequel on fit couler de l'eau. C'est ainsi que fut créée la fontaine de la mosquée de la Loggia, qui est située de l'autre côté de la mer. Il s'agit d'un bâtiment tout à fait caractéristique, orné d'éléments de monuments antiques encastrés dans ses murs. Une inscription atteste que la mosquée et la fontaine furent érigées en 1786 par le **pacha Gazi Hassan***.*

Après la place du platane débute le **quai Miaoulis**, qui est bordé d'une jolie plage de sable.

La région est ornée de jardins, d'allées et d'édifices italiens typiques. Le palais du gouverneur, avec son horloge caractéristique; l'Archevêché et sa basilique; les portes des murailles vénitiennes; les palmiers et les édifices de la rue Hippocrate, sont autant de joyaux ornant la région du quai Miaoulis.

1.,2.,3. Alors que le crépuscule recouvre l'île de son voile, Cos revêt sa tenue de soirée et se prépare à vous séduire.
4. La rue du front de mer, bordant le quai Miaoulis orné de la commanderie.

1

2

3

4

Cafe-Snack
ΚΑΜΕΛΙΑ
Cocktail Bar

Vue panoramique de la ville.

Le Château des Chevaliers

Il constitue indéniablement le bâtiment le plus prodigieux et le plus impressionnant de Cos. Il se trouve du côté nord-est du port, à un endroit stratégique pour protéger l'île et contrôler l'étroit passage maritime des côtes d'Asie Mineure. Il fut construit sous les ordres des chevaliers de Ioannina qui arrivèrent à Cos vers la moitié du XIVème siècle. Ils comprirent tout de suite l'importance de posséder une place-forte pour la capitale mais aussi pour l'île toute entière. On ne sait pas s'ils érigèrent le château sur un espace totalement libre ou s'il existait déjà ici les fondations et les vestiges de murs d'enceinte ou de murailles d'une forteresse byzantine (voire même plus ancienne), dont ils se seraient servis. Il est tout cas certain qu'ils n'hésitèrent pas à se servir de matériaux antiques qu'ils réutilisèrent pour construire les enceintes et les murailles de leur propre forteresse. On peut ainsi apercevoir aujourd'hui de nombreuses pierres antiques, des morceaux de marbre, des fragments de colonnes et d'autres matériaux provenant d'édifices anciens, et qui font partie des vestiges du Château des Chevaliers. On peut facilement imaginer la gravité et l'ampleur des dégâts provoqués sur l'édifice, si l'on tient compte des actes de vandalisme effectués plus tard par les Turcs.

Dans son état actuel, le château est constitué de deux corps de bâtiments principaux: un bâtiment interne (le plus ancien) et un bâtiment externe. La con-

struction du bâtiment interne, qui est de forme carrée fut entreprise par un gouverneur vénitien de Cos, nommé Fantino Querini (1436-1453). Ses successeurs poursuivirent les travaux, qui furent finalement achevés, en 1478, par le gouverneur génois Edoardo di Garmidino.

On ressentit plus tard la nécessité de construire autour du bâtiment initial une enceinte, qui devait répondre aux exigences nouvelles des tactiques guerrières. C'est ainsi que vers 1495 commença, sous les ordres du Grand Maître Pierre d'Aubusson, la construction d'un bâtiment externe avec des murailles renforcées. Les travaux se poursuivirent avec le Grand Maître Emery d'Amboise et furent achevés en 1514 par le gouverneur Del Carretto. Le fait que les travaux se soient étalés sur plusieurs décennies et que différents souverains en aient surveillé l'évolution, explique la présence de nombreux écussons sur les remparts et les murailles de la forteresse.

Durant les années de la domination turque (qui débuta en 1523), le château passa entre les mains des Turcs, qui effectuèrent des restaurations et des modifications selon leurs goûts. Pendant de longues années, les nouveaux envahisseurs interdirent même à tout chrétien l'accès à la forteresse.

Notons au passage que Piri Reis, le plus grand cartographe turc qui vécut à l'époque antérieure à la prise des îles grecques, évoqua l'île de Cos de la manière suivante, dans son livre intitulé "Bachriye": «Cos est naturellement une île grecque mais nous devons la conquérir. Elle est

Vues du fort.

fertile et c'est l'île la mieux construite après Rhodes. Les eaux y sont abondantes et son agriculture est très variée. Les noms de lieux sont grecs: Neradzia, Antimachia, Yali, Kyrio, Palamida, Kefalos , Pyli. Cos est dotée de puissantes fortifications. Elle possède quatre châteaux forts».

Puis, Piri Reis décrit les forteresses et le port, en attirant l'attention des assaillants sur le fait que l'"on peut déployer mille navires" en face du grand "castro" (le Château des Chevaliers).

Au Moyen-âge, on pouvait apercevoir une fosse remplie d'eau de mer, qui était située du côté de la ville, à l'emplacement actuel de l'avenue des Palmiers. La forteresse donnait ainsi l'impression d'être bâtie sur un îlot.

L'entrée principale se trouvait du côté du Platane. Elle était constituée de trois ponts en arc, d'un passage étroit ainsi que d'un pont-levis.

Aujourd'hui encore on distingue quelques parcelles des remparts, des tours, des bastions, des escaliers, plusieurs salles ainsi que des allées, des corridors et certaines portes dans les deux enceintes (interne et externe).

On dispose d'une meilleure vue du Château des Chevaliers de Cos en longeant la façade ouest de l'enceinte externe. Il convient également de noter que la tour la plus majestueuse est la tour ronde de Del Carretto, située à l'extrémité sud-ouest de l'enceinte externe.

On aperçoit les vestiges d'un rempart circulaire construit par les chevaliers entre 1391 et 1396, sous le pont conduisant à la porte du château-fort, le long de l'avenue des Palmiers, ainsi qu'en divers endroits de la ville.

La ville de Cos est célèbre pour ses monuments historiques. Afin de permettre au visiteur de se rendre dans tous les sites archéologiques de la ville, on a divisé la ville en trois zones archéologiques: la zones ouest, la zone est et la zone centrale.

Fouilles archéologiques de la zone ouest

La zone Ouest abrite quelques monuments qui sont encore en très bon état, car ils n'ont subi aucun dommage et n'ont pas été utilisés durant la période du moyen-âge. Nous citerons les plus impressionnants:

- Le **gymnase** *de l'époque hellénistique, avec son fameux "xystos dromos" (xyste). Le xyste constituait la partie couverte des gymnases de l'antiquité, qui permettait aux athlètes de s'entraîner pendant les jours pluvieux ou bien en hiver. Ces derniers enduisaient leur corps d'huile avant chaque compétition. Au terme des compétitions, ils enlevaient l'huile en se grattant le corps (xysto=gratté).*

Une rangée de colonnes du xyste a été consolidée, offrant désormais un spectacle inoubliable aux visiteurs. Le gymnase d'époque hellénistique subit des dommages pendant la période romaine. Au centre du gymnase on construisit une piscine afin de permettre aux athlètes de se baigner et l'on édifia parallèlement les Thermes occidentaux de la ville. Sur le site des Thermes on érigea par la suite une basilique paléochrétienne aux dimensions impressionnantes, dont on peut aujourd'hui encore apercevoir le baptistère et une partie du sanctuaire. A l'extrémité nord du gymnase se dresse une maison ornée d'un sol en mosaïque, qui est une véritable œuvre d'art. Elle représente les Neuf Muses; Apollon Musagète;

1

Dionysos, et enfin Pâris et Hermès, tendant la pomme de la discorde à Aphrodite.

Á l'est du xyste, des travaux d'étayage ont été effectués sur une salle à péristyle d'ordre corinthien, qui abritait la vespasienne des thermes à l'époque romaine. C'est dans cette région également que l'on a découvert une route, la Via Cardo, ainsi que des maisons aux mosaïques exceptionnelles. Celle représentant le rapt d'Europe (dans la maison du même nom) est particulièrement splendide. Dans la même maison on a également retrouvé plusieurs statues qui sont maintenant exposées au Musée Archéologique de Cos ainsi qu'un urinoir orné de peintures représentant les diverses catégories professionnelles de l'époque. On distingue l'image du facteur sur laquelle figure l'inscription suivante: « je ne cesse de courir pendant les douze heures de la journée ». Dans une autre maison, une très belle mosaïque évoque les thèmes de la

2

1. «L'enlèvement d'Europe», mosaïque provenant de la maison d'Europe, zone ouest, IIIe siècle av. J.-C.
2. Statue d'Artémis, IIe siècle av. J.–C. Musée archéologique de Cos.
3. Le gymnase hellénistique, avec sa fameuse allée «xysto».

3

chasse au sanglier et du combat à l'épée.

- Le **Nymphée**, *qui date du IIIe siècle avant J.-C. Des fragments de ses mosaïques somptueuses ont été conservés. Sa cour était bordée sur trois côtés par 11 colonnes et sur le quatrième côté par un mur doté de trois cavités en face desquelles se trouvaient trois bains. Un escalier situé à proximité du Nymphée nous conduit vers l'acropole.*

*- L'***Odéon**, *datant du IIe siècle est en relativement bon état. Ses murs épais sont destinés à soutenir la courbe artificielle de l'édifice, étant donné qu'il n'existait aucune cavité naturelle dans le sol. L'avant-scène (proscenium), la scène et l'orchestre sont presque intactes. Les gradins ont été reconstitués dans leur plus grande partie.*

Non loin de l'odéon, on a trouvé une mosaïque ornée de représentations d'oiseaux et de fruits. De nombreuses statues ont été découvertes dans l'odéon, et notamment une statue d'Hippocrate.

- La villa romaine ou **Casa Romana**. *Il s'agit d'une grande villa de l'époque romaine, qui a été entièrement reconstituée. Elle est décorée de mosaïques splendides, de fresques et de représentations en relief. Elle est constituée de trois cours intérieures à ciel ouvert. Dans le premier patio on peut admirer une mosaïque d'époque hellénistique faite de pierres très fines et représentant un tigre attaquant un cerf. Dans le deuxième patio, autour d'un impluvium, on distingue de nouveau des mosaïques (Néréide chevauchant un hippocampe, troupeau de dauphins etc.), tandis qu'au fond se situe la salle des banquets (symposiums) à la décoration multicolore. Dans une chambre voisine subsistent des peintures murales, où figurent un guerrier et des représentant de la noblesse romaine (sans doute les propriétaires de la villa). Sur les trois côtés du troisième patio, qui est aussi le plus grand, on aperçoit deux rangées de colonnes ioniennes, tandis que le côté sud est orné de colonnes sobres d'ordre corinthien. On distingue également un balcon décoratif, une fontaine et des mosaïques symbolisant des tigres et des léopards.*

- Le **temple** *et l'***autel de Dionysos**, *tout près de la demeure patricienne, au nord-est. Il s'agit d'édifices de l'époque hellénistique, qui furent également utilisés pendant la période romaine.*

*- Les Thermes du port ou "***Thermes circulaires**", *situés sur du côté nord-ouest du port.*

1

2

On les a surnommés ainsi en raison de la disposition des pièces.

*- La «ligne de départ» (**aphésis**) du stade antique. Construite au IIe siècle avant J.-C., elle se situe en face de l'église Sainte-Anne. La piste mesurait environ 14m de large et 200m de long. C'est ici que les "aphètes" donnaient le signal de départ des jeux.*

Fouilles archéologiques de la zone centrale

Au centre de la ville, on a découvert les vestiges d'une nécropole (vaste cimetière) datant des époques proto-géométrique et géométrique. On a également trouvé les vestiges d'un établissement mycénien. Dans la partie Est de la région, se trouve la "maison des Bronzes": on y a mis au jour des statuettes de bronze d'Isis, d'Aphrodite, d'Arès et de Déméter.

Au sud de l'église d'Aghia Paraskevi (toujours en ville) se dressent des constructions romaines dont les pièces regorgent de mosaïques et de motifs ornementaux. La mosaïque représentant Asclépios (Esculape) arrivant à Cos en bateau et étant accueilli par un citoyen et par Hippocrate, assis un peu en retrait, est considérée comme une oeuvre d'une importance significative. Cette mosaïque date du IIe ou IIIe siècle. Elle est aujourd'hui abritée par le Musée Archéologique de Cos (p.59).

La nécropole citée ci-dessus comptait 77 tombeaux de bébés et d'enfants ainsi que plusieurs tombeaux d'adultes. Le Musée Archéologique abrite une multitude de vases datant de l'époque géométrique et de l'époque mycénienne, qui furent retrouvés dans la nécropole et sur le site voisin du hameau mycénien.

Un grand nombre des splendides mosaïques découvertes dans cette même zone fut transféré à Rhodes par les Chevaliers en vue d'orner le palais du Grand Maître. Elles représentaient entre autres Poséidon luttant contre le géant Polybotès ainsi qu'Orphée encadré d'une personnification de l'automne, d'un poisson, d'un chien chassant des lapins et d'une personnification de Constantinople.

1. Le Nymphée. 2. L'odéon
3. La maison d'Europe, dans la zone ouest.
4. L'autel de Dionysos, dans la zone ouest.

3

4

1

Fouilles archéologiques de la zone est

C'est dans la zone délimitée par le château-fort, le quai Miaoulis, l'avenue Hippocrate, la place Eleftherias, et le quai Koudouriotou que se trouvent la plupart des bâtiments de la cité médiévale fortifiée. C'est dans cette région également que l'on a découvert des antiquités remarquables datant d'époques diverses. Les fouilles furent essentiellement réalisées après 1933, une fois que le tremblement de terre eut détruit la ville moderne de Cos. Les principales trouvailles de cette région sont les suivantes:

- **Muraille de la période hellénistique**. Elle formait une enceinte autour de la ville qui existait ici au IVe siècle avant J.-C. Le mur d'enceinte atteint en certains endroits 6 à 8 mètres d'épaisseur. Il débute dans la partie Est de la ville médiévale (à proximité d'un sanctuaire d'époque hellénistique), puis se prolonge vers l'ouest, en passant devant le marché et en traversant le quartier du Musée. Une section du mur part du sanctuaire hellénistique pour aboutir au port et au Palais du gouverneur (remarquable bâtiment qui rappelle les châteaux du Moyen-âge), tandis qu'une autre section se prolongeant jusqu'à la mer peut être aperçue près des Thermes portuaires.

- **Portique** du IVe ou IIIe siècle avant J.-C. orné de colonnes reconstituées, d'une beauté remarquable. C'est sur ce site que l'on a découvert la fameuse statuette de Marsyas (Musée Archéologique).

- Grande **basilique** faisant partie du cimetière orthodoxe de la ville. Son baptistère, qui a heureusement été conservé jusqu'à nos jours, permet d'imaginer la majesté de cette église. Ses vestiges semblent indiquer qu'elle fut construite sur les ruines du portique cité ci-dessus. Les archéologues situent son édification vers le Ve ou VIe siècle. Elle mesure 72m de long et 23,5m de large. Le baptistère, consacré au culte de Saint-Jean Baptiste, fut par la suite appelé "Saint-Jean les sept pas".

- **Agora antique.** Elle se trouve dans l'avenue Hippocrate et couvre une surface totale de 160X80m. Deux de ses colonnes ont été consolidées, formant ainsi une sorte de voûte. C'est sur les vestiges de l'agora que fut construite l'église Saint Constantin. Il s'agit d'une oeuvre contemporaine de la grande basilique du cimetière orthodoxe. On peut y admirer quelques fragments de peintures murales.

2

3

1. L'agora antique.
2, 3. Antiquités de la zone est.

En dehors de l'église Saint Constantin, la région abrite également d'autres églises, dignes du plus grand intérêt. On distingue par exemple celles de Panaghia Gorgoepikoou, Panaghia Katevati, Saint-George et enfin l'église du martyr Saint-Jean.

- **Sanctuaire hellénistique**. On situe la date de son édification vers le IIe siècle avant J.-C. L'édifice est en forme de trapèze. Au sud du sanctuaire on a retrouvé de belles mosaïques de sol représentant des scènes diverses tels que des pêcheurs ou encore Orphée entouré d'animaux et enfin le festin d'Hercule.

- **Sanctuaire d'Héraclès**. Il mesure 12,5m de long sur 9m de large. Il abrite un fragment provenant d'une statue d'Héraclès sur lequel figure la peau de lion dont était revêtu le demi-dieu. Ce fragment est encastré dans la mosquée de la Loggia et plus précisément, sur son angle sud.

- **Sanctuaire d'Aphrodite Pandémos**, où l'on peut apercevoir des morceaux de marbre provenant de colonnes corinthiennes. On a découvert à proximité du sanctuaire une jolie mosaïque datant de l'époque paléochrétienne et représentant des têtes d'animaux.

1

Le Musée Archéologique

L'édifice comporte un hall d'entrée, un péristyle, un rez-de-chaussée possédant trois salles (salles est, nord et ouest) et enfin un seul étage.

Le Musée Archéologique de Cos abrite les trouvailles obtenues lors des fouilles réalisées sur l'île. Parmi ces objets divers, on distingue:

Une remarquable mosaïque datant du IIe ou IIIè s. après J.-C.. Elle représente l'arrivée d'Asclépios sur île de Cos. Il est accueilli par un habitant ainsi que par Hippocrate, qui est assis sur un rocher, près d'une grotte.

Cette mosaïque (exposée dans le péristyle du musée) fut découverte en 1935 au cours de fouilles effectuées au nord de l'église d'Aghia Paraskevi. Elle fut jadis transportée à Rhodes pour être finalement rendue à Cos par la suite.

- Des sarcophages de type cylindrique ou rectangulaire, datant pour la plupart de l'époque hellénistique. Parmi leurs divers ornements on aperçoit des têtes de bœufs, des guirlandes de fleurs, la corne d'abondance d'Amalthée, etc.

- La tête d'Alexandre le Grand (IIIe siècle avant J.-C.).

- Des fragments de stèles funéraires datant des VIe et Ve siècles av. J.-C.

- Une tête colossale de la déesse Déméter.

- Un bas-relief romain représentant une tête de cheval.

- Un bas-relief provenant des murailles du château des Chevaliers et représentant un lion.

1. *Statue d'Hermès, découverte dans la maison d'Europe, IIe siècle.*
2. *Stèle mortuaire (VIe-Ve siècle av. J.-C.)*
3. *Statue de femme trouvée dans l'Odéon.*
4. *Statue sans tête de l'Asclépios, IIe siècle av. J.-C.*

- *La tête de Trajan.*
- *Un bas-relief funéraire, sur lequel le mort est représenté dans un navire (IIe siècle av. J.-C.).*
- *Statue de la déesse Artémis portant un arc et un carquois, avec à ses pieds un petit chien (p. 62). oeuvre datant du IIe siècle.*
- *Statue de la déesse Hygie tenant un serpent auquel elle donne un oeuf.* Á *ses pieds se trouvent le dieu Éros ainsi que le personnage mythique Hypnos (IIe siècle) (p.3)*
- *Statues sans tête de femmes avec traces de peintures (IIe siècle).*
- *Statue sans tête d'Asclépios, ornée d'un côté d'un serpent et de l'autre du démon Télésphore (IIe siècle) (p.16).*
- *Socles en relief servant de bases à des tables avec représentations de têtes de Grypas. et Dionysos. (IIe siècle)*
- *Tête de la période hellénistique (sans doute de Persée).*

3

2

4

1

2

- Tête d'Antoninos Eusèbe (le dévot).
- Têtes de la période romaine (hommes, jeunes garçons, jeunes filles, femmes).
- Table romaine en marbre avec pieds imitant des pieds de lion.
- Statue romaine représentant le dieu Hermès assis sur un rocher. Il porte un chapeau et des sandales ailées et tient un "kirykeio" (baguette magique ou sceptre).
- Deux troncs de statues d'une Artémis d'Éphèse à plusieurs mamelles.
- Statue sans tête romaine de Déméter.
- Troncs de statues romaines représentant la déesse Hygie, des femmes habillées etc.
- Pied de table romaine représentant Marsyas pendu
- Divers bustes d'époque romaine.
- Groupe d'Aphrodite et d'un petit Éros (Ier siècle).
- Statue de la muse Clio, datant de la période hellénistique.
- Bas-relief représentant une scène de banquet (VIe siècle av. J.-C.).
- Statue de la période hellénistique représentant une Aphrodite armée.
- Fragment d'un bas-relief du VIe siècle av. J.-C. représentant un enfant tenant un coq.
- Statues votives dédiées à Hadès (IIIe siècle av. J.-C.).
- Statue de la déesse Déméter et statues de Déméter et Perséphone (Coré). Toutes datent du IVe siècle avant J.-C.
- Statuette d'un jeune satyre.
- Statue d'Éros (copie d'une sculpture réalisée par le célèbre Praxitèle).
- Statue sans tête d'une nymphe en position assise (Période hellénistique).
- Groupe de jeunes évoquant le jeu "éfedrismos". (Ier siècle av. J.-C.).
- Tronc d'une statue de Claudius (Ier siècle).
- Tête gigantesque d'Héraclès (version d'une oeuvre de Lysippe).

1. Tête de combattant blessé, période hellénistique.
2. Statue de femme découverte dans l'Odéon.
3. Entrelacs représentant le dieu Dionysos, le dieu Pan et le Satyre. Y leurs pieds se trouve le dieu Éros, IIe siècle av. J.-C.
4. Statue de la déesse Tuchê, Ier siècle av. J.-C.

3

4

5 EXCURSIONS

1er ITINÉRAIRE
Lambi - Psalidi -Aghios Fokas -Thermes
p. 82-85

3ème ITINÉRAIRE
Zipari - Asfendiou –Tigaki
p. 94-100

5e ITINÉRAIRE
Antimachia - Kardamaina - Mastichari
p. 103-111

Il y a quelques années enco toute excursion sur l'île de C constituait une entreprise diffici Cela est désormais devenu cho simple. En prenant comme point départ la ville de Cos, on peut choi entre deux itinéraires: le premier, direction de Psalidi et d' Aghi Fokas et le second, vers Kefalos Aghios Ioannis.

Il est possible de faire le tour l'île en une seule journée, étant don que la plus grande distance routière de 49 km. il s'agit en effet de la rou qui mène de la ville de Cos jusq Kefalos et Aghios Ioannis, au su ouest, en passant d'abord par la "la (qui en grec signifie poignée), à sav la partie la plus étroite de l' île.

Les paysages sont très variés: montagne succède à la mer ou a plaines et les plages mondair alternent avec les villages pittoresqu

On trouve partout des hôtels des chambres chez l'habitant, ai que des restaurants.

Les itinéraires conseillés sont suivants:

1. Cos - Aghios Fokas -- Thermes
2. Cos - Platani – Asclêpieion
3. Cos - Zipari - Asfendiou –Tigak
4. Zipari - Linopotis -Marmari - P
5. Linopotis - Antimachia - Kardamaina – Mastichari
6. Antimachia - Kefalos -Monastè de Saint-Jean - quai Miaoulis, v du château des Chevaliers.

DANS *L'* ÎLE

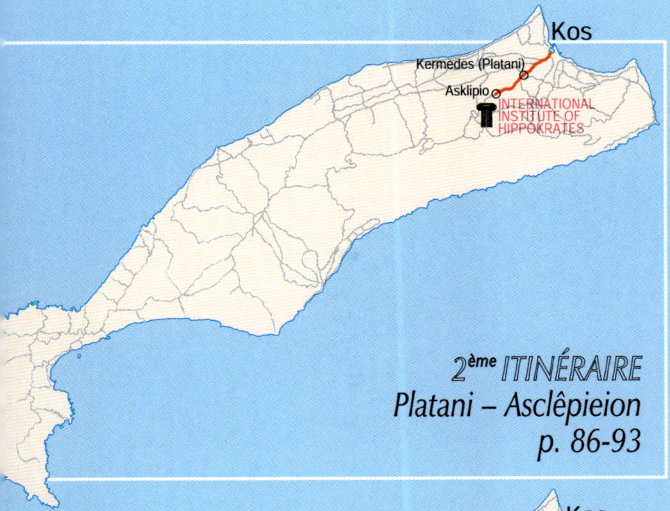

2ème *ITINÉRAIRE*
Platani – Asclêpieion
p. 86-93

4ème *ITINÉRAIRE*
Linopotis -Marmari - Pyli
p. 100-102

6e *ITINÉRAIRE*
Plaka - Paradeisos - Aghios Stefanos
Kéfalos - Aghios Ioannis
p. 112-117

À découvrir...

Plages:
- Aghios Fokas, p. 82
- Lambi, p. 82
- Psalidi, p. 84
- Thermes, p. 84
- Tigaki, p. 99
- Marmari, p. 100
- Kardamaina, p. 106
- Mastichari, p. 110
- Paradeisos, p. 112
- Aghios Stéphanos, p. 112

Églises, monastères:
- Saint Gabriel, p. 84
- Saint Paul, p. 94
- Evangelismou (Annonciation), p. 96
- Saint Georges, p. 99
- Monastère de Théotokou, p. 102
- Monastère de Saint-Jean, p. 114

Sites archéologiques:
- Tombes romaines, p. 86
- Asclêpieion, p. 88
- Aghios Theodoros, p. 100
- Aghia Paraskévi, p. 103
- Alassarna antique, p. 106
- Aghios Ioannis, p. 110
- Képhalos, p. 114

Châteaux:
- Pyli, p. 102
- Antimacheia, p. 104
- Kardamaina, p. 106

Et également...
- la station thermale de Thermes, p. 84
- le lac de Linopoti, p.100
- la forêt de Plaka, p.112

1er ITINÉRAIRE

Lambi - Psalidi -Aghios Fokas Thermes

Ce premier itinéraire traverse la côte orientale de l'île en embrassant le cap Psalidi et le cap Aghios Fokas, pour finalement aboutir aux Thermes.

Le parcours débute dans la ville de Cos. Il emprunte l'avenue des Palmiers en direction de l'est. Jadis, tout le quartier du pont aux bougainvilliers grouillait de cyclistes et de bicyclettes, ainsi que de passants qui se promenaient gaiement sur la route côtière.

Aujourd'hui encore, les bicyclettes confèrent au quartier un charme particulier.

Au 2ème kilomètre, se trouve Paradissi, une région bordée d'hôtels.

Au 3ème kilomètre, on aperçoit Psalidi, avec ses nombreux hôtels et campings.

Le cap ***Psalidi ou Louros****, qui ressemble à un tranchant de ciseaux (en grec, psalidi signifie ciseaux), se situe à 4,5 km de la ville. Le torrent appelé Pseftopotamos ("fausse rivière") se jette un peu plus loin.*

En poursuivant cette même route, on arrive au 8ème km, sur la fameuse plage d'Aghios Fokas bordée d'eaux limpides et de complexes hôteliers de luxe. En 1974, des fouilles permirent de mettre au jour une ferme d'époque romaine située aux environs de l'hôtel "Dimitra". On découvrit également une basilique d'époque paléochrétienne à l'est d' ***Aghios Gavriil***

1. La basilique paléochrétienne d'Aghios Gavriil (Saint Gabriel), à la sortie de la ville, en direction de Psalidi.
2. La plage très fréquentée de Lambi.
3. Vues depuis la route en direction de Psalidi et du nouveau port de plaisance.

1

2

3

(Saint Gabriel).

Le cap ***d'Aghios Fokas*** *constitue le versant le plus abrupt d'une falaise haute de 75m en surplomb de la mer et qui constitue la fin de la chaîne montagneuse de l'île. L'endroit abritait autrefois une chapelle post-byzantine (chapelle de Saint Fokas).*

Á 13 km de la ville, on distingue les ***Thermes****. Il s'agit d'un centre de villégiature organisé, doté d'une source thermale.*

Les sources coulant dans la région sont utilisées en hydrothérapie pour soigner les rhumatismes, l'arthrite et les troubles gynécologiques. Les eaux potables ont quant à elles des vertus digestives.

Á quelques kilomètres de là, en direction du sud-ouest, on peut apercevoir des sources d'eaux chaudes, sur le lieu-dit de Pisso Thermi. On distingue en outre les vestiges des sources thermales d'Aghia Irini, datant de la période historique primitive. Á ce point du parcours, la route se transforme en sentiers et en chemins de terre.

Thermes.

2ème ITINÉRAIRE

Platani -Asclêpieion

Le deuxième itinéraire part de la ville de Cos, puis traverse Platani et l'Asclêpieion. Il présente un intérêt historique important, car il comprend une visite de la zone de l'Asclêpieion et de la Fondation Internationale Hippocratique de Cos. L'Asclépieion est de nos jours considéré comme le premier hôpital du monde antique. Les salles de cure, les cabinets médicaux et les salles d'attente ont été mises au jour lors des nombreuses fouilles archéologiques effectuées sur le site. Le visiteur quitte maintenant la ville par la route principale, en direction du sud-ouest.

Au bout de 2km on aperçoit le village de **Platani**, qui était déjà connu à l'époque de la domination turque sous le nom de Kermetès. Le nom du village (platani = platane) est vraisemblablement dû au platane qui se dressait sur la place. Le village constitue aujourd'hui un prolongement de la ville de Cos, c'est désormais l'un de ses quartiers. Il présente toutefois une certaine singularité, tant au niveau de ses maisons que de ses habitants.

La plupart des maisons sont anciennes et il existe encore des petites échoppes traditionnelles, où l'on sert le café comme autrefois. Platani abrite également une église orthodoxe et une mosquée.

À l'ouest de la grand-place on peut admirer les vestiges d'un magnifique tombeau d'époque romaine. Un second tombeau de la même époque, lui aussi très imposant, se trouve un peu avant l'entrée du village. Pendant l'ère chrétienne. ce tombeau faisait fonction d'église.

Le Musée Archéologique de Cos abrite une enseigne retrouvée à Platani et recopiée par Ioannis Kalisperis, un amateur d'histoire originaire de Kalymnos. Cette enseigne comporte des informations détaillées sur le système fiscal de la Grèce antique. Elle fut rédigée à l'aube du IIe siècle avant J.-C., à l'époque où Rhodes formait une alliance avec Cos et les îles voisines. Il semblerait qu'elle décrive de manière précise la législation de la cité de Cos.

L'un des villages les plus pittoresques de Cos, Platani.

RESTAURANT
PLATANION

LÉGENDES

PREMIER NIVEAU
1. Escalier (24 marches)
2. Propylées
3. Socles de statue
4. Édifices romains
5. Galerie
6. Chambre des malades
7. Mur de soutènement orné de niches
8. Escalier menant au deuxième niveau (30 marches)

DEUXIÉME NIVEAU

9. Temple d'Asclépios
10. Autel d'Asclépios
11. Temple d'Apollon
12. Club
13. Estrade
14. Chambres des prêtres
15. Escalier menant au troisième niveau (60 marches)

TROISIÉME NIVEAU

16. Grand temple d'Asclépios
17. Galeries
18. Chambres des malades

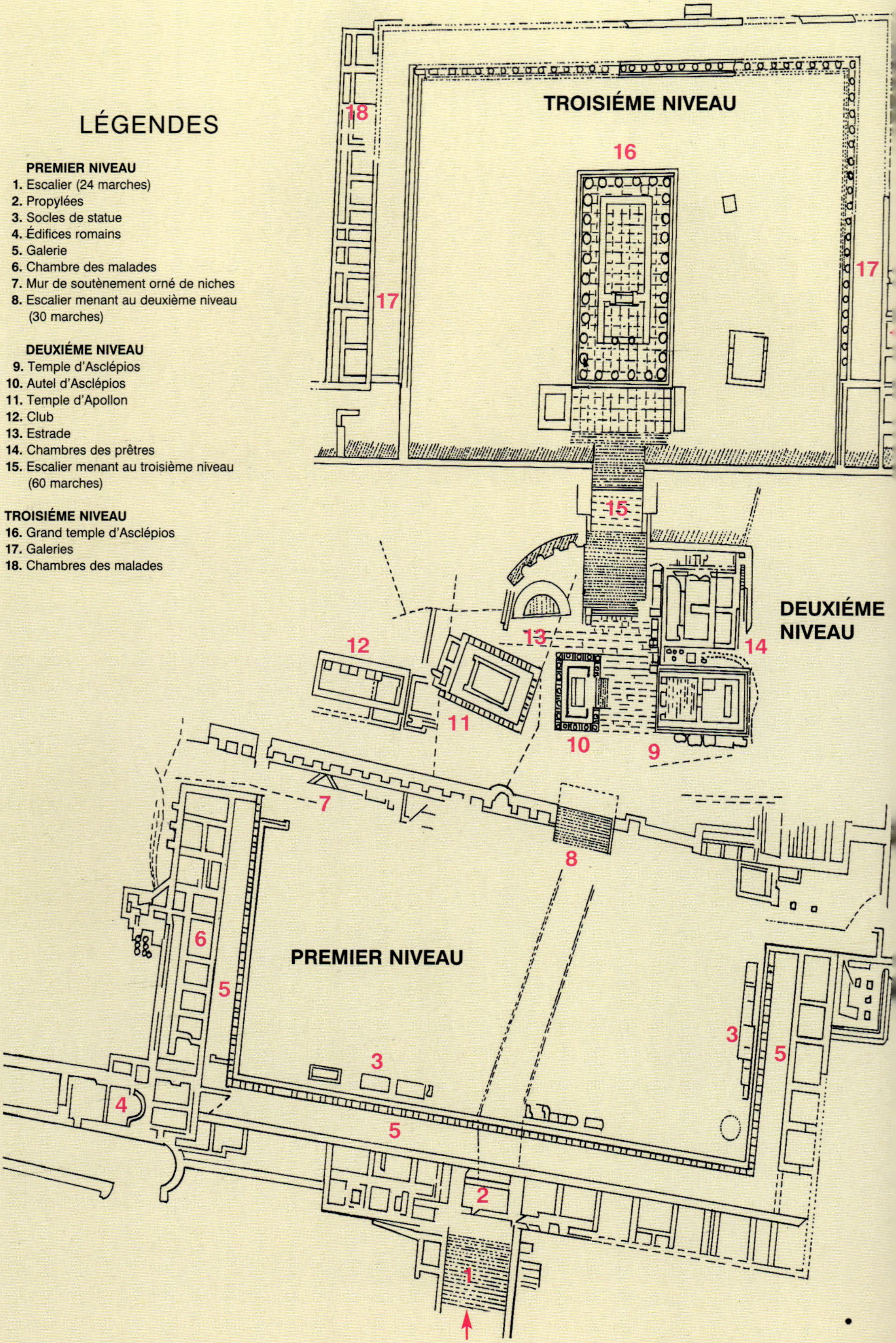

Asclépieion

En prenant à gauche (direction sud-est) la bifurcation qui se trouve à environ 3km de la ville, on arrive au célèbre Asclêpieion. L'emplacement exceptionnel de l'édifice offre une vue magnifique sur la plaine de Cos et sur le littoral d'Asie Mineure, situé en face. Les Grecs anciens surent tirer profit du dénivelé du terrain et construisirent les bâtiments de l'hôpital sur trois niveaux.

Toutes les informations concernant la fondation des tous premiers Asclêpieia se perdent au plus profond de la préhistoire. Esculape (Asclépios) lui-même était un personnage mystérieux. Dieu de la santé et de la médecine ? Fils d'Apollon, comme le prétend la mythologie grecque ? Ou bien, simple mortel ayant vécu au XIIIe siècle avant J.-C., et qui fut divinisé? Parmi les 300 Asclêpieia de l'antiquité, les plus célèbres se trouvaient à Trikki, en Thessalie (c'est dans cette cité qu'Esculape vit le jour); à Épidaure; à Cos; à Athènes et à Léros. L'Asclêpieion (communément appelé Paliaskoupi) de Léros était célèbre pour son eau, qui est d'ailleurs toujours très appréciée de nos jours. Celui de Cos devait quant à lui sa renommée à la sagesse et à la compétence de ses Asclépiades (médecins) et surtout au plus célèbre de tous, Hippocrate, père de la médecine et fondateur de la première école de médecine.

Le premier à y effectuer des fouilles fut l'archéologue allemand Rudolf Herzog, qui suivit les recommandations pressantes d'un historien du pays, nommé Iakovos Emm. Zaraftis. Strabon, géographe de l'Antiquité, décrivit ses bâtiments, ses ex-voto précieux et ses oeuvres d'art remarquables avec une admiration sans précédent. Il écrivit notamment que "le sanctuaire jouissait d'une très grande réputation; qu'il était rempli d'ex-voto, parmi lesquels on pouvait distinguer l'Antigonos d'Apelle (le plus célèbre peintre de l' Antiquité) et l'"Aphrodite Anadyomène " (qui n'est autre que la fameuse statue que Praxitèle sculpta pour la ville de Cos).On envisage dans l'avenir de créer une "cité d'Hippocrate" contemporaine, où se réuniraient tous les cinq ans les médecins du monde entier afin de participer aux Jeux Olympiques Internationaux de la Médecine.

Durant l'Antiquité, une forêt «sacrée» entourait l'Asclêpieion. Selon un écrit de Pausanias, il était interdit d'y mourir ou d'y donner naissance à un enfant. D'après les récits de certains écrivains de l'époque, le site de l'Asclêpieion devait comporter une grande place bordée de platanes. Sur la deuxième terrasse, on avait aménagé des sources d'où jaillissaient des eaux thermales qui étaient sulfureuses et ferrugineuses. C'est ici que se déroulaient les séances d'hydrothérapie. Des canalisations en terre cuite acheminaient les eaux d'une source connue sous le nom de Bourinna (ou encore «source d'Hippocrate»). Elle se trouve au cœur de montagnes situées au sud de l'Asclêpieion, sur le lieu-dit de Bourinna. Son nom populaire est "Kokkinonero" (eau rouge). En dehors du fer, l'eau de cette source contient également des quantités importantes de sels de calcium et d'acide carbonique.

La source de Bourinna (également appelée source du roi Chalkonas) se trouve à une heure de route de Chora (la capitale), au pied du Mont Dikaios. On peut l'apercevoir, jaillissant au fond d'un tunnel sombre. Cela fait plus de 3000 ans qu'une eau limpide y coule et permet d'approvisionner la ville de Cos. Théocrite chanta les louanges de cette source dans ses "Idylles". L'endroit d'où elle jaillit comporte une voûte de pierres polygonales datant vraisemblablement de l'époque hellénistique, avec une ouverture sur le toit servant à éclairer la source et à laisser passer l'air. La voûte forme une pièce conique de 10m de diamètre et de 7m de haut, précédée d'un corridor long de 30m. Sous la coupole jaillit l'eau qui est acheminée vers la ville. À cause de sa forme particulière, ce gros rocher compact porte le nom de "Voos rhina", qui en grec signifie «nez de bœuf». La pièce exiguë située au dessus du corridor était vraisemblablement destinée aux gardiens du site.

La légende veut que Chalkonas, roi mythique de Cos, ait donné un coup de pied sur le rocher, en faisant ainsi jaillir de l'eau pure. La région était autrefois remplie de peupliers et d'ormes feuillus. L'eau de la source arrivait jusqu'au platane d'Hippocrate et se déversait dans toute la ville.

Au détour des terrasses

Première terrasse: on y accède par une rampe à propylée composée de 24 marches. La terrasse était bordée sur trois côtés par un portique donnant sur différentes pièces (dont on peut encore apercevoir les fondations). Les chercheurs pensent que la fameuse école de médecine ainsi que son musée d'anatomie et de pathologie se trouvaient sur cette terrasse. Les chambres (ou en tout cas certaines d'entre elles) abritaient les patients et leurs proches lors de leur première visite chez le médecin. Sur la partie nord de la terrasse, en face de l'ouverture du portique, on a retrouvé un mur de soutènement destiné à retenir la terre. On peut encore apercevoir les cavités reconstituées du mur qui servaient de niches à statues. On situe la date de construction du portique vers le IIIe siècle avant J.-C. Dans les deux salles souterraines de la muraille externe on a retrouvé une multitude de statuettes votives représentant les malades ou bien les parties souffrantes de leurs corps et les positions typiques entraînées par chaque maladie. Certains prétendent qu'il existait ici un temple dédié à Aphrodite, orné de la fameuse statue de Praxitèle représentant la déesse de la beauté.

Deuxième terrasse: on y accède par un escalier de 30 marches, à gauche duquel on distingue, abritée dans une niche, une peinture du dieu Pan avec sa flûte pastorale et de l'eau coulant à ses pieds.

À droite de l'escalier, on remarquera l'enseigne qui provient de la chapelle de Gaius Stertinius Xénophon, médecin célèbre originaire de Cos, qui s'était vu conférer le titre de prêtre de l'Asclêpieion. Il était aussi le médecin personnel de l'empereur Claude Ier. Non loin de là, à l'ouest, se dressent les vestiges de bains qui servaient vraisemblablement aux séances d'hydrothérapie. Au centre de la deuxième terrasse, on distingue les vestiges d'un édifice plus ancien, à savoir un autel dédié à Apollon Kyparissios.

C'est sur cette terrasse également que devaient se trouver les bâtiments consacrés au culte d'Asclépios et, d'une manière plus générale, à toutes les divinités de la santé et de la médecine. Le temple d'Asclépios (dont deux des colonnes ont été reconstituées) date du IVe ou du IIIe siècle avant J.-C. La partie inclinée de l'autel (front ouest) servait à faciliter le transport des bêtes destinées à être sacrifiées. Tout autour, on peut admirer un petit portique près duquel on avait placé les fameuses statues d'Esculape, d'Hygie et d'Apione créées par Céphisodote et Timarchos, qui étaient tous deux fils de Praxitèle. Dans la cella de ce temple se trouvait une fosse rectangulaire couverte de plaques de granit, qui servait de coffre-fort. Les pèlerins et les patients y déposaient une offrande votive, voire même de l'argent.

Le temple était d'ordre ionique, mais les vestiges situés à proximité datent de la période romaine: il s'agissait de "iéroi oikoi", c'est à dire des cellules des prêtres. Un peu plus loin se dresse l'"avaton" (lieu sacré et inviolable dont l'accès était interdit) avec sa source à l'eau sacrée. À quelques mètres de l'autel se trouvent les vestiges d'une exèdre en forme d'hémicycle, qui était vraisemblablement utilisée par le clergé lors de ses liturgies en plein air. À l'est de l'autel d'Asclépios on a découvert les vestiges d'un temple périptère de rythme corinthien consacré au culte d'Apollon. Deux de ses façades ont été reconstituées. Un peu plus à l'est on aperçoit un impressionnant édifice hellénistique tombant à l'abandon. Un petit temple dédié à Néron se dresse à l'extrémité ouest de la terrasse. Enfin, on a découvert les ruines d'un escalier, qui reliait vraisemblablement tous ces bâtiments à la forêt sacrée.

Troisième terrasse: on y accède par un escalier de 60 marches, divisées en plusieurs paliers. Là encore, on distingue les incontournables murs de soutènement. Cette terrasse couvre une superficie de 80mx100m. Seuls quelques fragments du portique, qui occupait trois côtés de la terrasse, ainsi que de rares vestiges de bâtiments

Les colonnes du temple d'Apollon.

hellénistiques sont encore visibles.

Au centre de la terrasse, l'escalier débouche sur un grand temple dorique dédié à Asclépios et datant du IIe siècle avant J.-C. Il comportait 104 colonnes, qui s'étendaient sur 34m de long et 18m de large. Le temple abritait probablement des statues colossales d'Esculape et d'Hygie.

Sur le front est de la terrasse, on peut distinguer une grande plaque de marbre en bon état et un chapiteau de colonne gravé au symbole du Christ, "ICXP". Cette plaque formait l'autel d'une église chrétienne tombant en ruines. Au fond du portique cité plus haut on aperçoit les vestiges d'édifices, aux sein desquels logeaient vraisemblablement les malades durant l'Antiquité. On note aussi l'existence d'un temple censé être consacré au culte d'Apollon et datant du Ve siècle avant J.-C., sur le niveau le plus élevé (à 100m d'altitude). Un escalier faisant communiquer la terrasse avec la

forêt sacrée se trouve à l'extrémité sud du portique. Du haut de la troisième terrasse, on dispose d'une vue imprenable sur la plaine de Cos et sur les côtes d'Asie Mineure et notamment sur la région d'Halicarnasse.

Le Fondation Internationale Hippocratique de Cos

La Fondation Internationale Hippocratique de Cos a été fondée près de l'Asclêpieion. Elle s'étend sur une surface de 23,9 hectares. La fondation a pour but d'encourager la recherche médicale au niveau international, de favoriser l'émulation dans le domaine de la recherche, de décerner des prix récompensant des découvertes et des essais médicaux et enfin d'éditer les ouvrages d'Hippocrate ainsi que tous les manuscrits concernant la médecine hippocratique.

3ème ITINÉRAIRE

Zipari - Asfendiou

(Evangelistria – Assomatos – Lagoudi – Zia Aghios Dimitrios) **–Tigaki**

La ville de Cos constitue le point de départ de ce nouveau périple. On emprunte la route de Zipari en direction du sud, vers Asfendiou. Il s'agit d'une région parsemée de hameaux, possédant une tradition très ancienne. Une bifurcation à droite à la sortie de Zipari, conduit à Tigaki, situé en bord de mer.

Vues depuis Asfendiou.

En quittant la ville par le carrefour d'Asclêpieion et en continuant tout droit, on arrive au bout de 10km à l'intérieur d'un hameau, qui fut fondé au cœur d'une plaine par les habitants d'Asfendiou et fut baptisé Zipari.

Parmi les très nombreuses basiliques paléochrétiennes de Cos datant du Ve ou du VIe siècle, on distingue celle de Zipari. Elle fut découverte au cours des fouilles de 1935. Il s'agit de la basilique

Saint Paul, qui mesure 21,60m de long et 15m de large. Elle était située dans la partie nord d'un hameau, qui pourrait être le dème antique de Fyxioton. L'archéologue Orlando a constaté qu'il

s'agissait d'un ensemble composé de plusieurs églises édifiées autour de la basilique et d'habitations destinées aux prêtres originaires d'autres lieux de culte. À l'intérieur du temple, on distingue la base d'un ambon (tribune sacrée) et ses deux escaliers, tandis que dans l'angle sud-ouest on peut voir les murs relativement élevés d'un baptistère, au centre duquel se dressent des fonts baptismaux en forme de croix.

Au sud de la basilique Saint-Paul, on a découvert en 1935, sur le lieu-dit de Kapamas, une basilique du même nom. La basilique de Kapamas couvrait une surface de 17m de long sur 16,30m de large. Son baptistère circulaire présente un grand intérêt. Il s'agit d'une construction à tholos avec des murs à niches, ainsi que des portes et des corridors à coupole. Ses fonts baptismaux en forme de croix sont ornés de mosaïques originales.

À proximité de Zipari, sur le lieu-dit de Messaria, se dresse la chapelle souterraine de Saint-Jean Chostos, datant probablement du XVIe siècle, comme en attestent les lettres votives envoyées au monastère de Patmos. On peut aujourd'hui encore apercevoir la tribune sacrée de l'édifice ainsi que quelques traces d'icônes murales.

La route se dirige vers le sud en gravissant les flancs du Mont Dikaios. Au bout de 3,5 km nous

arrivons à Asfendiou, le plus grand village de l'île mais aussi le plus pittoresque.

***Asfendiou** est construit à proximité de la plus haute cime de la montagne. Le village offre un séjour agréable, été comme hiver. Dans la région fertile alentour où l'eau coule en abondance, on cultive le raisin, les olives, les tomates et les produits primeurs. Du haut de la colline, on dispose d'une vue exceptionnelle sur la Turquie. Asfendiou est constitué des hameaux suivants: Evangelistria, Assomatos, Lagoudi (240m d'altitude), Zia (250m d'altitude), et Aghios Dimitrios ou Chaichoutès, aujourd'hui déserté.*

Les cours des maisons sont blanchies à la chaux et regorgent de fleurs. Le troisième hameau du présent itinéraire est Evangelismos (qui en grec signifie Annonciation), avec l'imposante église du même nom, l'église de l'Annonciafion, qui se dresse au milieu de la place. Il convient de visiter l'église Taxiarchon (des Taxiarques), datant du XVIIIe siècle et située à Assomatos. Chaque année, à l'occasion du 8 novembre, une grande kermesse est organisée en l'honneur de l'église. Les pèlerins viennent de l'île entière afin d'y participer.

***Zia** se trouve sur les flancs du Mont Dikaios, dans une région verdoyante dotée de nombreuses sources d'eau. Il s'agit d'un hameau d'une beauté exceptionnelle, considéré comme site classé par l'État grec, au même titre qu'Asfendiou. Au pied de la montagne se dresse la chapelle d'un petit monastère, connu sous le nom de **"Moni ton Spondon"**. Il était dédié à la Vierge et une légende veut qu'il ait été érigé par Saint Christodule, au XIe siècle. Sur le lieu-dit de Kefalovrissi (au sud de Zia), on peut admirer les dépendances d'un monastère ainsi que la chapelle de la Présentation de la Vierge, au sein de laquelle jaillit une source. Une fête qui attire des pèlerins venus des quatre coins de l'île a lieu le 21 novembre, jour de célébration de la Présentation de la Vierge. Depuis Kefalovrissi, on dispose d'une vue magnifique sur*

1

2

3

4

5

l'île et sur l'archipel formé par les îles de Tilos, Nissyros, Kalymnos, Pserimos, Léros, Patmos, Samos et Astypalaia, ainsi que sur les côtes turques et entre autres sur Cnide.

Au sommet du mont Dikaios se dresse la chapelle d'un couvent connu sous le nom de "Moni Sotiros Christou" (monastère du Christ Sauveur) ou encore "Moni Dikaiou Christou" (monastère du Christ Juste). Il fut érigé en 1079 par Arsénios Skinouris, moine originaire de l'île. Pendant de longues années, ses moines bénéficièrent d'une aide financière allouée par l'empire de Byzance. Le monastère fut construit sous l'intendance de Saint Christodule, à l'époque ou l'empereur de Byzance lui offrit une partie de Cos, afin qu'il en tire les fonds nécessaires à la construction du monastère de Patmos.

Dans la circonscription d'Asfendiou, on peut visiter les églises de Panaghia (Notre Dame) Monargiou et de Panaghia tou Tsakali, ainsi que celles de Stavros et de Sainte Marina.

1, 4, 6, 7, 8. Vues de la région d'Asfendiou
5. Moni Spondon
2. Panaghia Kyparissiotissa
3. Église d'Évangelismou, à Évamgelistria

6

7

8

On notera également l'existence de mines de plomb et d'argent, qui sont désormais tombées en désuétude, ainsi que de grands blocs de marbre.

Tigaki constitue un charmant petit hameau côtier, situé lui aussi dans la région d'Asfendiou. On y accède par la route de Zipari, en direction du nord-ouest. Ce village, qui se trouve à 3km environ de Zipari et à 6,5km d'Asfendiou, est très fréquenté en été. Sur le lieu-dit Voukolia de Tigaki, on distingue les ruines de l'église de Saint-Georges.

Tigaki possède des hôtels et des chambres chez l'habitant, disséminés aux quatre coins de sa campagne verdoyante. Le hameau constitue un centre important, doté d'une multitude d'agences de voyages, de boutiques, de cafés- bars, et de boîtes de nuit. Sa plage accueille tous les sports nautiques.

4ème ITINÉRAIRE

Linopotis -Marmari Pyli

Ce quatrième itinéraire débute à Zipari. Il emprunte le principal axe routier de l'île et aboutit à Linopotis. Après avoir effectué de nombreux détours, la route traverse Marmari, site cosmopolite situé sur le littoral nord) et Pyli, village fertile de l'intérieur du pays.

1. Le lieu de villégiature de Marmari.
2. Pyli
3. Tombe de Charmyli, à Pyli.
4. Aghios Georgios, l'église principale de Pyli.

Après Zipari, la route continue en direction du sud-ouest. Au bout de 4km on arrive à un carrefour. **Linopotis** *se trouve à 13km de Zipari. Le village a été habité dès 1925 par des colons italiens, incités à venir ici par leur gouvernement. Ce dernier leur offrait une vaste étendue de terrain, qui avait été saisie aux autochtones. La région abrite une source importante appelée "Limni" (le lac), qui irrigue toute la plaine voisine. Dans ses "Idylles", Théocrite évoque cette source en en parlant comme « d'un site merveilleux ».*

Au lieu-dit de Fouskoma de Linopotis, en 1936, des fouilles archéologiques ont révélé à la lumière du jour les vestiges d'une ferme antique. Sur la route d'Antimachia, au lieu-dit d'Aghios Théodoros, on a découvert les vestiges d'une basilique paléochrétienne ainsi que les ruines d'un aqueduc d'époque romaine.

1

Enfin, la petite église de Sainte Claudia la martyre se trouve sur la route de Pyli. Cette sainte est communément appelée "Aghia Klafti", ce qui signifie "la sainte en pleurs".

Un embranchement de la route qui se dirige vers la droite (nord-ouest) mène à un joli petit village situé en bordure de mer. Il s'agit de **Marmari**, un centre de villégiature fréquenté aussi bien par les touristes étrangers que par les Grecs et qui offre de nombreuses possibilités à ses visiteurs: hôtels luxueux, chambres à louer, tavernes pittoresques et bistrots. Il s'agit finalement d'un lieu de vacances idéal, bordé d'une plage fantastique s'étendant sur 2km.

En revenant en arrière, la route conduit à **Pyli**, village situé à 15km de la ville de Cos et à 300m d'altitude, sur le Mont Dikaios. Le village d'origine qui se trouvait ici s'appelait Palaio Pyli. Il fut

2

3

4

Le fort byzantin de Palio Pyli

abandonné par ses habitants en 1830, au cours d'une épidémie de choléra. Le nom du village provient vraisemblablement de "Peli", nom d' un déme durant l'antiquité.

Le village possède les quartiers suivants: Aghios Georgios, Aghios Nikolaos, Konario, Peripatos, Amaniou. Sur un relief du lieu-dit de Palio Pyli, on distingue les ruines d'un château-fort byzantin ainsi que la remarquable chartreuse de Moni Theotokou (également appelée Moni Kastrianon). Elle était dédiée à la Vierge et fut construite par Saint Christodule. Sa Tribune de marbre repose sur quatre colonnes et quelques fragments de ses fresques du XIVe siècle ont été conservés en bon état. La fête de Moni Theotokou est célébrée lors d'une kermesse, qui a lieu le 2 février de chaque année.

On notera en outre la présence de deux églises intéressantes ornées de fresques: Saint-Antoine et Assomatos. À l'extérieur du village, on remarque les églises du Prophète Elie et de Patrikou.

Aghios Nikolaos possède deux beaux sites, qu'il convient de visiter. Le premier, Pigi (la source), doit son nom à une source torrentielle qui irrigue les potagers et les maisons du hameau. L'édifice abritant la source a été rénové en 1592, comme en atteste une inscription. Le second site est celui de Charmyli. On peut y admirer les vestiges d'un caveau familial, dont les niches funéraires sont sculptées. Il s'agit de celui du héros Charmylos. Dans le village de Konario, on a découvert une église dédiée à Saint Basile et datant de l'époque paléochrétienne. Voukoliès est une région qui se situe à l'ouest du village moderne, près du lieu-dit de Pigi. On y distingue encore vestiges d'édifices, qui furent probablement construits à l'époque des chevaliers.

Selon les témoignages de certains écrivains, les "komès" (petites cités de province ou quartiers d'une cité) d'Alis et de Peli se trouvaient dans les environs de Pyli. On raconte qu'il existait à Peli des temples de Zeus et de Déméter, dans lesquels on célébrait la "thalyssia", c'est-à-dire la fête de la récolte et des fruits. En partant de Pyli, on traverse Kardamaina, situé à 25km de la ville.

5ème ITINÉRAIRE

Antimachia Kardamaina – Mastichari

Le cinquième itinéraire débute à Linopoti (13 km de Cos). Il suit la route principale jusqu'à Antimachia. Depuis Antimachia, on peut se rendre au pittoresque village de bord de mer de Kardamaina et au hameau de Mastichari (littoral nord).

Il convient ici de citer un extrait du livre d'Héraclès N. Karanastassis, intitulé "Folklore de Cos" et se référant au village de Kardamaina.

«Les villages d'Antimachia et de Kardamaina sont situés au centre de l'île. Une heure de route sépare les deux hameaux. Autrefois, ils appartenaient tous deux à une seule municipalité. La Révolution de 1821 obligea leurs habitants à se regrouper à l'intérieur du Castro (château-fort) d'Antimachia. Ce sont les récits que nous firent nos grands- pères. Le Castro est une puissante forteresse d'époque vénitienne, qui domine tout le plateau insulaire. Les habitants de ces deux villages furent ainsi à l'abri des terribles invasions algériennes et arabes, qui sévissaient en Mer Égée à l'époque des pirates. Vers 1850, ils quittèrent le château-fort pour s'installer dans un lieu plus ouvert. Ils se divisèrent alors en deux groupes: le premier s'installa sur un large plateau dominant la région environnante et situé au N.-O. du Castro et à 200m d'altitude; le second groupe descendit en revanche vers le S.-O. du Castro, dans une vallée recouverte de vignes et d'oliviers et traversée par une rivière asséchée. Située à 20 minutes de la rive, toute cette région porte aujourd'hui le nom de Palia Kardamaina (palia=-ancient). Ses habitants ne purent malheureusement pas y séjourner plus de 50 ans, en raison d'une épidémie de malaria qui décima la population et ne permit pas au village de se développer. Les habitants croyaient qu'il s'agissait d'un lieu hanté: c'est ainsi qu'ils tentaient d'expliquer le fait qu'il n'y ait jamais plus de trente-neuf familles dans le village. En effet, dès qu'elles atteignaient le nombre de quarante, l'une d'entre elles disparaissait. Les habitants quittèrent donc le village vers la fin du XIXe et le début du XXe siècle, pour aller s'installer dans une région bordée par la mer, située au sud de la vallée, à l'emplacement actuel du village de Kardamaina. Il arrive très souvent que les familles du premier village aient des liens de parenté avec celles du second et qu'elles portent également le même nom de famille. En réalité, ce sont tous des descendants de la famille qui vivait, il y a 150 ans, à l'intérieur du Castro.»

Dans la région située aux alentours d'Antimachia, on distingue quelques belles églises anciennes, telles que celles de saint Georges-Dromikos "En Elaioni", Sainte-Marina et Saint-George Makris. En quittant Antimachia par la route partant en direction du sud-est, on arrive à Kardamaina. Au bout de 4 km, on aperçoit sur la gauche le fameux château-fort vénitien construit sur les vestiges d'un édifice plus ancien.

Des fragments de portes, de chambres, d'entrepôts pour les vivres et de réservoirs à eau sont encore visibles. Le fort abrite l'église Sainte Paraskevi, qui organise une fête à l'occasion du 26 juillet de chaque année.

Il s'agit d'une basilique sans contrefort, au toit couvert de tuiles et au plancher composé de petites dalles rectangulaires. Un chapiteau d'époque paléochrétienne fait office de Tribune. Seuls quelques fragments de ses fresques sont encore visibles. Non loin de la basilique, on aperçoit les vestiges de l'église Saint Nicolas. Son architrave est ornée des écussons des chevaliers, encastrés dans une dalle. Ils datent de 1520. Dans la cour se trouve la grande citerne.

En poursuivant sur la même route, on arrive au bout de 3km à Kardamaina, lieu de villégiature réputé.

Ce village est situé sur le littoral sud de l'île; ses plages splendides, dont la plus importante est longue de 6km, sont très propres.

Sur un promontoire orienté vers le nord, en surplomb de Kardamaina, on peut apercevoir les vestiges d'une forteresse bâtie par les chevaliers de l'ordre de Saint-Jean de Jérusalem. Les travaux de construction furent achevés en 1494, comme l'atteste une enseigne ornant la façade.

La cité antique d'Alassarni (ou Alassarna), se trouve au sud de Kardamaina. Il s'agissait durant

Le fort d'Antimachia et en arrière plan, Kardamaina.

l'Antiquité d'une cité notoire, qui était beaucoup plus étendue que le village actuel. On a découvert sur le site d'Alassarni les fondations de quelques constructions antiques, d'un théâtre d'époque hellénistique, d'un tombeau, ainsi que celles d'une des plus grandes basiliques de l'époque paléochrétienne, celle de la Sainte Divinité.

Sur le lieu-dit d'Aghia Théotis (aux confins de l'ancien démos des Alassarnites), on a trouvé les fondations d'un temple d'Apollon, qui est vraisemblablement le plus ancien de Cos. Il se situe en seconde position, après le temple d'Asclépios, par la richesse de sa décoration et de ses ex-voto. Il convient également d'aller admirer les vestiges d'un théâtre antique et de trois sanctuaires datant de l'époque paléochrétienne, tous découverts sur le même site. C'est en 1928 que les archéologues révélèrent à la lumière du jour le petit théâtre romain de la cité, sur le site même de Kardamaina.

L'Office grec pour la recherche archéologique n'a pu sauvegarder qu'un seul atelier de céramique parmi le grand nombre d'ateliers qui existaient ici. Autrefois, l'art de la poterie était très répandu à Kardamaina. On y fabriquait en effet une multitude d'objets et d'ustensiles en terre cuite.

Le village est désormais devenu un immense centre de vacances accueillant quotidiennement plus de 10.000 visiteurs.
Ses 1.400 habitants travaillent presque exclusivement dans le tourisme.
On peut cependant encore apercevoir quelques traces du village tel qu'il était dans le passé: la capitainerie, la maison de Labadis, sur la place du village, et les oliveraies d'Andriotakis sur les «hautes montagnes».

L'église d'Aghia Paraskévi, à Antimachia, et sur le côté un moulin à vent caractéristique.

En rebroussant chemin en direction d'Antimachia, on arrive au bout de 5km à Mastichari. Sur la route, on distingue la petite église de saint George Louizos. Ses murs sont incrustés de marbres antiques. Des inscriptions et des trouvailles archéologiques découvertes à proximité de l'église attestent que le dème antique des Hippiotes se trouvait dans la région, avec son fameux temple dédié à la déesse Héra, l'Héraïon.

Au nord-ouest de ce dème, près de Saint-Georges, on a découvert une inscription sur marbre dédiée au dieu Pan. Une autre inscription fait référence à « la fête de l'abattage des arbres », consacrée au culte d'Héra. Elle était célébrée tous les deux ans. C'est ici également que l'on produisait le fameux vin "hippokoos".

Vues du village actuel de Kardamaina.

On arrive enfin à Mastichari, un hameau côtier qui servit de refuge à quelques habitants d'Antimachia au cours du grand séisme de 1933. Ses magnifiques plages sont très fréquentées. Dans les environs de Saint Jean on a retrouvé les vestiges d'une basilique paléochrétienne du Ve siècle, ornée de mosaïques remarquables.

La basilique à trois nefs, qui se trouve à Mastichari est à la fois de style oriental et de style africain. Privé de cour intérieure, son baptistère présente un intérêt particulier. Il se compose de deux pièces, à savoir d'un vestibule et d'une nef centrale. La basilique abrite de nombreuses mosaïques de sol, qui couvrent une surface totale d'environ 400m2. Au XIXe siècle l'archéologue Koss raconte avoir vu à Mastichari les traces d'un port antique.

On notera que des trajets quotidiens sont effectués par bateau de Mastichari à Kalymnos.

Le site archéologique de Mastichari et vues de la plage.

6ème ITINÉRAIRE

Plaka - Paradeisos - Aghios Stefanos - Késfalos - Aghios Ioannis

Le point de départ de cet itinéraire est Antimachia. La route principale de l'île mène ensuite à Aghios Stefanos, à Kefalos, et au monastère Saint-Jean.

En quittant Antimachia par le côté sud du village, on traverse la **Plaka**, avec sa jolie forêt. C'est une région verdoyante, où coulent de nombreux ruisseaux. Une zone de pique-nique y a été aménagée.

En traversant une région nommée Ammoudiès (plages de sable), la route continue vers lavi. Avant de pénétrer dans le golfe de Kefalos, on découvre une magnifique plage de sable fin, la fameuse plage de **Paradissos** (le paradis). Au large, des bulles de gaz s'élèvent à la surface de la mer. Les autochtones les appellent "thioniès" et elles sont provoquées par un volcan sous-marin, désormais inactif.

La route traverse maintenant le passage le plus étroit de l'île, qui porte le nom de Lavi. Au débouché du Cap Tigani, on aperçoit une bifurcation. L'embranchement de droite mène au village de Kefalos, tandis que celui de gauche conduit à Aghios Stefanos et à Kamari, par une route qui longe la côte. On emprunte maintenant la route d'Aghios Stefanos, petit hameau construit près de l'une des plus belles plages de Cos.

1

2

Il abrite les basiliques jumelles de Saint Stéphane, qui datent de la période paléochrétienne (Ve siècle). Chacune des églises est ornée de somptueuses mosaïques et est divisée en trois nefs parallèles. Les deux églises ne possèdent en outre qu'un seul baptistère. Face à ces basiliques se dresse un minuscule îlot pittoresque connu sous le nom de Kastri. Le couvent Saint Antoine est accroché au sommet de cet îlot rocheux.

À la sortie d'Aghios Stefanos, une route côtière mène au petit port pittoresque de Kamari, avec ses caïques aux couleurs vives et ses bateaux de pêche. Une route de montagne escarpée monte ensuite vers le Mont Zini, pour finalement aboutir à Kefalos et au monastère de Saint-Jean.

Toute la zone côtière comprise entre Aghios Stefanos et Kamari est magnifique. La région est très touristique et possède des hôtels modernes, des pensions de famille ainsi que des plages avec tous les conforts. Le Club Méditerranée possède des infrastructures ici.

Il semble que cette zone ait toujours été exceptionnelle. Ceci est en effet confirmé par des découvertes archéologiques et par les temples datant de l'époque chrétienne primitive, qui furent découverts ici. Il convient de visiter les basiliques jumelles de Saint Stéphane, trouvées en 1932 par l'archéologue italien Luciano Lorenzi. Elles furent construites en l'an 469 et en l'an 554. Il s'agit de basiliques d'une richesse incomparable. Elles ont des dimensions exceptionnelles et possèdent un emplacement idéal. Leurs colonnes ont été reconstituées après 1932 par des archéologues italiens.

Kefalos, qui est le village le plus éloigné de la ville de Cos (43 km), est situé à proximité d'Aghios Stefanos. Il abrite des hôtels, des pensions de famille et des tavernes, prêts à accueillir les visiteurs.

1, 2. Késfalos. 3. Basilique d'Aghios Stéfanos. 4. Plage de Paradissos.

3

4

Le château-fort du village, érigé par les chevaliers de l'ordre de Saint-Jean, fut achevé pendant la période de domination turque. **Kefalos** *se trouve à l'extrémité ouest de Cos, sur une colline au sol perméable dominant toute la région. Au sommet du village se dresse le moulin à vent de Papavassilis.*

Le village fut fondé sur les ruines de la capitale antique d'Astypalaia, qui fut détruite par des séismes, en 413-412 avant J.-C. Les vestiges d'un Asclêpieion mineur et du port antique de la cité y ont été découverts. Ils sont conservés à Kamari, où l'on peut d'ailleurs apercevoir les restes du môle antique. On distingue en outre dans les environs un théâtre d'époque hellénistique (IIIe siècle avant J.-C.) et des temples datant de la même période.

Les fouilles effectuées en 1902 à Kefalos et plus particulièrement sur le lieu-dit de Palatia ont permis de révéler à la lumière du jour les fondements d'un temple dorique consacré à Déméter ainsi qu'une statue sans tête de la muse Clio datant de la période hellénistique.

À Palatia, il ne faut pas omettre de visiter la chapelle de Panaghia Palatiani, qui selon l'historien Zaraftis fut érigée sur les ruines d'un temple dédié à Dionysos.

On notera en outre que le Musée Archéologique de Cos abrite entre autres une statue sans tête de Déméter en position assise et une tête colossale d'Héraclès, sculptée pas Lysippe. Ces deux trouvailles furent effectuées dans la région. Le dème des Isthmiotes se trouvait à Kefalos. Bien que son sol ne soit pas particulièrement fertile, le village fournit des produits de qualité tels que le miel, le tabac, les tomates, les céréales, les légumes et notamment les papilionacées. Les habitants ont également pour occupation l'élevage, la navigation et l'exploitation minière de baryte et de perlite.

La route du sud-ouest, qui passe par le Mont Zini aboutit au monastère de Saint- Jean. Il convient de noter que dans la grotte d'Aspri Petra («pierre blanche»), on a découvert des objets datant de l'ère néolithique. Ce sont d'ailleurs les plus anciens, qui aient été mis au jour sur l'île. Ils ont été trouvés puis étudiés par Doro Levi, un archéologue italien. La grotte contient plusieurs fossiles d'êtres humains, des fragments de vases néolithiques et des pierres meulières. Les dimensions des vases et les représentations y figurant varient. On a trouvé très peu d'armes sur ce site. Selon les archéologues, les objets d'Aspri Petra remontent à l'époque primitive du bronze. Durant l'époque géométrique, Aspri Petra était un lieu de culte des divinités rurales. Au cours de l'ère

Vues de la région de Kéfalos.

romaine, la vie se poursuivit à Aspri Petra, qui était toujours un lieu de culte.

Saint-Jean constitue la dernière étape de cet itinéraire. Il s'agit d'un monastère situé au cœur d'un paysage idyllique. Une fête y est célébrée le 29 août (jour de la décapitation de Saint Jean-Baptiste le Précurseur) de chaque année.

À la sortie de Kefalos, une petite route partant en direction du nord mène à Limnionas, petit golfenaturel où les navires peuvent accoster pendant les jours de grande tempête.

C'est ici que prend fin la visite de la belle île d'Hippocrate. Nous mettons maintenant le cap sur Nissyros, la petite île voisine de Cos.

1

1, 2. Vues de Kéfalos

2

3. Limnionas.

3 *«Itinéraires spéciaux» proposés... à ceux qui possèdent une moto, une jeep ou tout simplement... beaucoup de patience.*

1. Zia - Psalidi

En traversant les montagnes de Dikaios et de Sympétro, on peut se rendre de Zia à Psalidi en empruntant un chemin de terre (15 km). La végétation touffue, les plateaux, les cascades réservent un itinéraire magnifique. Si vous vous perdez en chemin... courage. Vous pourrez toujours compter sur la célèbre hospitalité grecque. Il se trouvera toujours quelqu'un pour vous indiquer le bon chemin.

2. Mastichari – Atsas

Depuis Mastichari, on peut prendre la route se rendant à Antimacheia. Au bout de 800 mètres, on bifurque à droite en direction des infrastructures pétrolières de l'île. Y ce point là de l'itinéraire, la route se transforme en pistes et en chemins de terre, qui longent la mer. Le paysage ressemble à un désert. Tous les chemins aboutissent à des plages, qui récompenseront le visiteur de ses efforts. Il est toutefois recommandé d'éviter ces plages lorsque le vent souffle fort, car les vagues sont alors si importantes que la baignade n'est alors plus conseillée.

3. Kéfalos – Cap Zini

En partant de Kéfalos et en se dirigeant vers Aghios Ioannis, on aboutit au bout de 3 ou 4 kilomètres à un chemin de terre menant 4 kilomètres plus loin au cap Zini. Y cet endroit de l'île les paysages sont d'une beauté sauvage. D'immenses rochers surplombent la mer. La piste s'arrête 100 mètres avant la mer et il faut donc poursuivre la descente à pied. Les plages se succèdent et sont toutes d'une beauté remarquable. Certaines sont bordées de galets, d'autres de sable ou encore de rochers. La mer est profonde et les fonds sont magnifiques. Y l'extrémité sud du cap Zini, on aperçoit un pont qui desservait une ancienne carrière, désormais totalement intégré dans le paysage.

6

NISSYROS

Le poète Angelos Simiriotis évoque Nissyros dans un quatrain:

"N'est-ce pas une île?
Tout autour, où que l'on regarde,
pas de golfe où penétrér
ni de port où accoster".

Nissyros est l'une des plus petites îles du Dodécanèse. Elle abrite cependant de nombreuses beautés naturelles et possède un héritage culturel remontant à la plus haute antiquité.

Les édifices de la civilisation insulaire, que l'on peut apercevoir à chaque instant attestent du passé glorieux de l'île et de la sensibilité de sa population. Celle-ci tient en effet à préserver son héritage culturel et à construire son avenir dans le respect absolu du passé.

À Nissyros, les beautés naturelles, le passé glorieux, la tradition culturelle, la civilisation populaire et l'homme simple du village coexistent de manière harmonieuse. Le volcan, à la beauté exceptionnelle, attire un grand nombre de visiteurs, qui viennent l'admirer.

L'île du géant vaincu

Nissyros.

Situation géographique et morphologie

Nissyros se situe dans le sud-est de la mer Égée, au cœur de l'archipel du Dodécanèse, entre les îles de Cos et de Tilos et la péninsule de Cnide (en Turquie). Elle se trouve à 8 milles nautiques de Cos, à 10 milles de Tylos et à 200 milles du Pirée. Les îlots de Yali (qui est le plus grand, avec une superficie de 5km2), Aghios Antonios, Stronghili, Pachia, Pergoussa et Kadeleoussa (communément appelé Pharos) font partie de la circonscription de Nissyros.

L'île couvre une superficie de 41,6 km2. Elle a une forme conique. et se compose principalement de montagnes. Son sol contient des roches volcaniques. Dans la vallée de Lakkiou, le volcan a engendré des cratères et des montagnes, telles que celles de Profitis Hélias (698m), Aghios Ioannis (588m) et Aghios Georgios (519m).

La structure géologique et tectonique de l'île explique l'existence de sources thermales souterraines. Ces dernières sont utilisées à des fins thérapeutiques (hydrothérapie). Par ailleurs, la géomorphologie de toute la région ainsi que la structure volcanique des roches insulaires favorise certains minéraux industriels tels que la perlite porphyrique, le kaolin, la terre sulfureuse et surtout la pierre ponce, seul minéral aujourd'hui exploité sur l'île.

À tous ces éléments naturels viennent s'ajouter la faune et la flore de Nissyros, qui se caractérisent par leur richesse et que les experts considèrent comme exceptionnelles. Ses pierres meulières étaient très connues et très recherchées depuis l'Antiquité. On les appelait pierres de Nïssyros.

L'élément géomorphologique le plus caractéristique sur l'île de Nissyros est le volcan, qui attire un très grand nombre de visiteurs. Il est unique en Grèce, tant par sa beauté que pour l'intérêt scientifique qu'il présente. Il s'agit donc d'un facteur tout à fait significatif.

Il convient de noter que ce volcan n'est plus en activité.

Mythes Anciens - Histoire

Selon la mythologie grecque, Nissyros se serait formée de la façon suivante: pendant la guerre des Géants, Poséidon entreprit d'anéantir Polybotès. Ce dernier, vaincu et pourchassé, décida de traverser la mer Égée pour échapper au dieu.

Non loin de Cos, celui-ci parvint à le retrouver. Il arracha alors avec son trident une partie de Cos (Cap Heloni, également appelé Krikelos) qu'il lança contre Polybotès. C'est donc ainsi que Nissyros se serait formée et la légende veut qu'à chaque fois que Polybotès gémit, ses soupirs arrivent à la surface de la terre à travers le volcan.

Poséidon étant à l'origine de la naissance de l'île, il en est aussi devenu le protecteur. Ceci explique pourquoi un temple consacré à son culte a été découvert sur l'île et pourquoi sa tête figurait jadis sur toutes les piéces de monnaies locales.

Le mythe raconte aussi que des liens existaient entre Nissyros et Cos depuis l'antiquité. Il s'agissait de liens d'ordre politique, social et financier mais avant tout de liens moraux. Plusieurs inscriptions indiquent en effet que Nissyros était habitée par de nombreux citoyens de Cos et vice-versa. Le village nissyriote situé à Cos s'appelait "Nissyriadai".

L'île a hérité d'un riche patrimoine culturel: les périodes préhistoriques, classiques, byzantines et modernes y ont laissé des traces. Ces éléments constituent de puissants pôles d'attraction pour les visiteurs.

Les monuments les plus anciens de l'île appartiennent à l'ère néolithique. Paléokastro, l'acropole de la cité antique, est conservée en très bon état. Elle date de l'époque classique.

On constate en outre une forte présence de la civilisation byzantine sur l'île. Les basiliques paléochrétiennes et les chapelles aux fresques exceptionnelles que l'on aperçoit un peu partout sur l'île, présentent un très grand intérêt, tant sur le plan archéologique que touristique. On accède aux chapelles par des sentiers pavés très pittoresques.

Visite de l'île

Le visiteur « d'un jour » qui arrive à Nissyros en provenance de Cos à 10h00 pour repartir à 16h00, ne dispose pas du temps nécessaire pour admirer toutes les beautés de l'île. Il se contentera donc d'une visite au volcan et d'une promenade à Mandraki, en passant par le Musée d'histoire et de folklore et le couvent de Panaghia Spiliani, sans oublier naturellement d'aller se baigner au bord de la plage de galets appelée "chochlakous".

En revanche, le visiteur qui prolongera son séjour sur l'île, verra une multitude de choix s'offrirent à lui. Il pourra consacrer une journée au volcan, en profitant de l'occasion pour visiter Emporio, Nikia, et même Avlaki, s'il dispose bien entendu d'un moyen de transport.

Le jour suivant, il pourra visiter les chapelles d'Evangelistria (Annonciation), de Stavros et de Panaghia Kyra, puis se baigner et déjeuner à Palous.

Il convient également de visiter les châteaux-forts médiévaux de l'île. Le plus intéressant est sans doute celui de Mandraki. À l'intérieur du château on peut apercevoir le monastère de Panaghia Spiliani, qui fut fondé aux alentours de 1600.

Le sanctuaire principal est dédié à la Dormition de la Vierge et la chapelle adjacente à Saint Charalambos.
L'icône de la Vierge est remarquable, tout comme les peintures murales et les ex-voto en or ou en argent. Le salon du couvent abrite une grande collection de reliquaires ainsi qu'une bibliothèque contenant quelques éditions rares. Le château médiéval d'Emporio présente, lui aussi, un grand intérêt. Il abrite deux églises byzantines. La première, celle du Taxiarque, est ornée de fresques ayant une très grande valeur artistique. La seconde, celle de Nikia, se trouve au sommet du village et offre ainsi une vue unique sur les îles environnantes et sur le volcan.

Ruelle de Chora.

Le monastère de Panaghia Kyra retiendra l'attention des amateurs de fouilles archéologiques. Une fête y est célébrée à l'occasion du 23 août de chaque année. On distingue également la chapelle d'Evangelistria, située à 4km à peine de Mandraki. Elle posséde des gites permettant d' accueillir les amateurs de nature désirant visiter Profitis Hélias et Stavros qui organise une fête le 14 septembre. On notera que le monastère de Stavros se trouve dans la vallée de Lakkiou.

Une grande kermesse a lieu le 26 septembre de chaque année sur le parvis de Saint-Jean Théologos.

Les principales sources thermales de la région sont celles de Loutra à Mandraki, de Palous, d'Avlaki (à Nikia) et de Schirous. Les eaux de Palous étaient réputées dès l'époque d'Hippocrate pour leurs propriétés curatives.

On peut également effectuer la visite de l'île en bateau: baignade et déjeuner à Korfos et à Liès-Pachys Ammos. Il convient en outre de faire une excursion sur l'îlot de Yali. Sa plage de sable fin est immense et la "kakavia" (bouillabaisse) de poissons fraîchement pêchés est un vrai régal.

Dans les tavernes de l'île on peut déguster des plats exquis accompagnés d'ouzo ou de retsina, tels que les boulettes de pois chiches, la "sakkouliasti" (fromage), le poulpe et la "marida" (friture de petits poissons). On y ren-contrera les habitants de l'île, les pêcheurs, les éleveurs, les paysans et les ouvriers de la carrière.

On pourra également observer de près la vie sociale et culturelle de l'île, en participant aux fêtes de mariages et de baptêmes et aux manifestations artistiques et folkloriques se déroulant chaque été sur l'île.

Avant de quitter Nissyros, il ne faut pas oublier d'acheter une bouteille de "soumada" (sirop d'orgeat) ainsi qu'un pot de miel de thym.

Vue panoramique de Nikia.

Le volcan de Nissyros